趣赏冬奥系列丛书

丛书主编　张新萍　杨占武

趣赏冬奥
滑行项目

主　编　仇亚宾
副主编　李朝阳

中山大学出版社
SUN YAT-SEN UNIVERSITY PRESS
·广州·

版权所有　翻印必究

图书在版编目（CIP）数据

趣赏冬奥. 滑行项目 / 仇亚宾主编；李朝阳副主编. —广州：中山大学出版社，2021.12
（趣赏冬奥系列丛书 / 张新萍，杨占武主编）
ISBN 978-7-306-07278-8

Ⅰ.①趣… Ⅱ.①仇…②李… Ⅲ.①冬季奥运会—体育项目—基本知识②雪上运动—基本知识　Ⅳ.①G811.212②G863.1

中国版本图书馆 CIP 数据核字（2021）第 255695 号

QU SHANG DONG-AO：HUA XING XIANGMU

出 版 人：王天琪
责任编辑：王旭红
封面设计：曾　斌
版式设计：曾　斌
责任校对：李昭莹
责任技编：靳晓虹
出版发行：中山大学出版社
电　　话：编辑部 020-84110283，84113349，84111997，
　　　　　84110779，84110776
　　　　　发行部 020-84111998，84111981，84111160
地　　址：广州市新港西路 135 号
邮　　编：510275　　传　　真：020-84036565
网　　址：http://www.zsup.com.cn　E-mail：zdcbs@mail.sysu.edu.cn
印 刷 者：佛山市浩文彩色印刷有限公司
规　　格：880mm×1230mm　1/32　3.75 印张　66 千字
版次印次：2021 年 12 月第 1 版　2021 年 12 月第 1 次印刷
定　　价：26.00 元

如发现本书因印装质量影响阅读，请与出版社发行部联系调换

"趣赏冬奥系列丛书"
总　序

　　冬季运动项目是人类竞技运动的一个巨大旁支,它比常规运动项目略迟成为世界性的活动。夏季奥运会到目前为止已经举办了32届,而在北京、张家口即将举行的冬季奥运会(以下简称"冬奥会")为第24届,即是证明。

　　冬季运动项目发源于北半球的高寒地带,它由冰雪上的交通、劳动方式演变而成。它是利用冬季的自然条件或人造条件,运用特殊的装备、器具或玩具开展的,以竞速、比美、斗智为主要内容。它与冰雪艺术、冰雪休闲、冰雪探险等共同组成世界冰雪文化。

　　冰上运动在平面上进行,分为竞速、竞美、竞智等几类。竞速又分长道、短道,短道弯道多、曲率大,因此弯道技术与能力成为重要的制胜因素。竞美类有花样滑冰与冰上舞蹈等,其在音乐伴奏下,展现了一种超体育、超艺术的文化门类。冰壶是近年兴起的、集体力与智力于一身的斗智斗技活动。冰球是竞技运动中行速最快、争斗最激烈的一个运动项目,也是球类运动中唯一使用黑色硬质板状体作为"球"的运动项目。

雪上运动多在坡道上进行，运动员先用徒步或缆车的方法积蓄势能，然后从高处沿坡道滑下，或竞速度，或竞高度，或竞长度，或竞难度，名目繁多，花样百出。雪上项目有高山滑雪、越野滑雪、跳台滑雪、北欧两项、自由式（花样）滑雪、单板滑雪以及冬季两项，滑行项目有雪车、钢架雪车、雪橇。

冰雪运动是以冰与雪为摩擦媒质的体育运动项目的总称，它的特点与冰、雪密切相关。冰与雪是水在 0 ℃以下低温时的两种主要固态物质，水在结成冰后表面会光洁平滑，冰层雪层具有一定的强度，可承受人的体重压力。在冰雪上运动，其摩擦力大大减少，适于在其表面滑动。在滑动时，冰刀、雪板、雪橇产生的热能使冰面雪面产生融化水，微量的水减少了摩擦力，这就是冰雪不同于玻璃的地方，也是后者虽平滑光洁但却不能作为滑动媒质的原因。

滑动，是冰雪运动的主要行为特征。人类的走、跑、跳都伴随着身体的起伏，不断地做着类似抛物线的运动，微小起伏的是走，较大起伏的是跑，大幅起伏的是跳，而基本保持在同一平面的是滑。人们对滑行情有独钟，除了滑冰、滑雪，还有滑水、滑沙、滑草、滑沼泽以及轮滑等许多种类。人们在滑行时其前庭分析器会受到特异的刺激，进而产生特别的兴奋感，可归为"眩晕运动"的感觉。人们喜欢追寻这种感觉，甚至会上瘾，这就是滑雪运动被称为"白色鸦片"的缘由。

在冰雪面上高速滑行对运动者的平衡能力要求很高，稍不留意就容易跌倒摔出，所以在对其平衡身体的技巧、全身肌肉的控制能力方面很有锻炼价值。冰雪运动又多在气温很低的高寒自然环境中进行，对人的耐寒、耐缺氧能力也有所考验，因此，冰雪运动对增强国民体质，特别是对青少年的身心健康有着独特的作用。这或许是很多国家重视冰雪运动，在学校体育教育中开展、在大众体育中发展的重要理由。

这套由张新萍、杨占武主编的"趣赏冬奥系列丛书"，共分为三册，详尽介绍了冰雪运动的全貌，是2022年北京冬奥会前普及冬季运动知识的好读物。张新萍系中山大学教授，硕士生导师，长期从事高校体育教学及管理工作，2001年及2017年两次赴美国春田学院访学交流，曾担任2008年奥林匹克科学大会论文评审委员，是广东省高等学校"千百十工程"培养对象。杨占武系北京大学管理学博士,副研究员,中国人民大学人文奥运研究中心研究员,曾任国家短道速滑队领队,曾在北京冬奥申办委员会与北京冬奥组织委员会工作,参与了《北京冬奥组委工作人员简明读本》等著作的编写工作。这套丛书是他们在冰雪运动领域实践活动与理论研究的结晶。

这套丛书作为北京冬奥会的献礼之作是相称的,也是如作者所愿的。

卢元镇

写于北京宣颐容笑斋

2021 年 11 月 11 日

"趣赏冬奥系列丛书"
自 序

2015年7月31日,在马来西亚吉隆坡举行的国际奥委会第128次全会,经投票决定,北京成为2022年冬奥会和冬残奥会举办城市,由此,北京也成为全球唯一一座既举办过夏季奥运会、又将举办冬奥会的"双奥之城"。

习近平总书记指出:"北京冬奥会是我国重要历史节点的重大标志性活动,是展现国家形象、促进国家发展、振奋民族精神的重要契机。""要通过举办北京冬奥会、冬残奥会,推动我国冰雪运动跨越式发展,补缺项、强弱项,逐步解决竞技体育强、群众体育弱和'夏强冬弱''冰强雪弱'的问题,推动新时代体育事业高质量发展。"

进入北京冬奥周期之后,中国举全国之力,汇集各方资源,紧锣密鼓地筹办冬奥会。习总书记强调:"办好北京冬奥会、冬残奥会是党和国家的一件大事,是我们对国际社会的庄严承诺,做好北京冬奥会、冬残奥会筹办工作使命光荣、意义重大。"

自2019年年底起,新冠肺炎疫情开始在全世界肆虐,至今仍未结束。尽管面临新冠肺炎疫情的挑战,中国仍在坚实履行申奥承诺。2021年10月18日,北京冬奥会火种在希腊成功点燃,随后传送到北京;2021年10月26日,北京冬奥会与冬残奥会奖牌"同心"发布;2022年1月27日,冬奥村将正式开村,迎接来自世界各地的运动员;2022年2月2日,将开展火炬传递活动,正式拉开北京冬奥会的序幕。万众期待、令人瞩目的北京冬奥会就要来了……

冬奥梦交汇着中国梦,北京冬奥会不仅是北京的冬奥会,更是全中国人民的冬奥会,冬奥竞技舞台具有凝心聚气的强大感召力。虽然广州地处南方,常年无冰雪,但我们也同样感受到举办冬奥的自信,期盼着冬奥,更希望能为冬奥的举办添砖加瓦,加油助力。

自北京冬奥会申办成功以来,广东省体育局深入贯彻落实国家冰雪运动"南展西扩东进"国家战略,因地制宜提升冰雪运动发展的质量和效益,通过强化冰雪运动组织建设,积极推动冰雪运动场馆建设,广泛开展大型冰雪体育活动、比赛,开展相关专业人员培训,试图有力带动更多南粤群众参与到冰雪运动中来。逐步形成政府引导、市场主导、社会协同的发展格局,力争将广东打造成冰雪运动"南展"先行示范省，为国家冰雪运动发展、助力2022年北京冬奥会做出积极贡献。

与此同时，由孙中山先生手创，被誉为"南天一柱"的中山大学，因其先天具有的家国情怀和担当意识，其文管部与出版社深感有责任发挥高校人才优势来助力冬奥，以更高的使命感、更强的责任感以及更全面的能力为群众性冰雪运动的普及和冰雪文化的传播出一份力。

鉴于冰雪运动在我国尚不普及，很多人不具备欣赏冬奥比赛项目的常识，特组织北京冬奥会场馆管理专家和中山大学体育部教师一同编写了旨在普及冰雪运动项目知识、提高观众欣赏能力的"趣赏冬奥系列丛书"——《趣赏冬奥——冰上项目》《趣赏冬奥——雪上项目》和《趣赏冬奥——滑行项目》，体育部的部分研究生（吴子麟、李秀丽、罗郁哲、柴艺源、章扬欣、陈化珂）也参与了编写。

这三本书包括北京冬奥会设置的7个大项和15个分项的所有项目。为了便于读者学习使用，依据场地和项目特点，将15个分项归纳为三个类别——冰上项目、雪上项目和滑行项目。该丛书主要以问答形式，先设置了观众在观赏比赛时可能会产生的若干疑问，然后用浅显易懂的语言予以简明扼要地说明。解决了这些疑问，观众们就可以深度欣赏奥运赛事了。

该丛书还介绍了各项目的场地和规则等知识，不但能作为冰雪运动爱好者的参考手册，也可以作为中小学开展冬季奥林匹克运动教育的教材，为大力普及、广泛开展青少年冰雪运动奠定基础。

特别鸣谢中山大学出版社和体育部领导的鼎力支持与帮助，感谢出版社编辑王旭红、叶枫等老师严谨细致的审校。鉴于此丛书涉及专业知识点较多，编者水平有限，书中难免有疏漏不足之处，敬请广大读者赐教指正！

张新萍　杨占武
2021 年 11 月 10 日

本书序

本书所说的冬奥会滑行项目特指在雪车雪橇赛道进行的比赛，包括雪车、钢架雪车、雪橇3个分项。滑行项目为竞速运动，是在不借助机械动力的条件下对人类速度的极限挑战，其中雪车比赛的最快速度可达160公里/小时，是冬奥会各项目之最。运动员高速滑行的同时还要通过多种类型的弯道，过程风驰电掣、精彩刺激，极具观赏性。北京冬奥会滑行项目共设10枚金牌，其中雪车4枚、钢架雪车2枚、雪橇4枚。

北京冬奥会滑行项目将在位于延庆赛区的国家雪车雪橇中心赛道"雪游龙"举行。这是世界现有的第17条、亚洲第3条、中国第1条符合国际比赛标准的雪车雪橇赛道。赛道全长1975米，垂直落差121米，由16个角度、倾斜度各异的弯道组成，其中包括非常少见的360度回旋弯。相信这里必将成为北京冬奥会最为惊险刺激、引人关注的赛场之一。

这本《趣赏冬奥——滑行项目》以普通冰雪运动爱好者的视角，提炼出冬奥会观赛中常见的问题，用浅显易懂的语言，介绍了雪车、钢架雪车、雪橇的历史起源、项目设置和规则等，为冰雪运动爱好者明明白白地欣赏冬奥提供了一本有趣又实用的"知识读本"。

目录

❋ 第一编 雪 车

一、雪车运动发展的历史／2

二、雪车运动的强国／5

三、雪车、钢架雪车、雪橇有什么区别？／7

四、雪车是什么时候列入冬奥会的？／12

五、现有哪些雪车比赛的赛道？／13

六、对于雪车运动员体重有什么规定？／20

七、雪车比赛共设几个小项？／20

八、雪车在我国的发展概况／21

九、为什么雪车运动的跨界运动员多？／24

十、雪车的危险性高吗？／25

十一、雪车各项目的比赛规则／27

十二、雪车运动技术／29

十三、计时的设备与技术改革／31

十四、雪车运动员的趣闻与故事／34

十五、雪车运动观赛礼仪／42

十六、北京冬奥会雪车观赛指南／43

参考文献／45

❋ 第二编　钢架雪车

一、钢架雪车运动发展的历史／50

二、钢架雪车是钢做的吗？／52

三、怎样确保运动员高速滑行时的安全？／53

四、钢架雪车如何测量温度？／54

五、运动员怎样才能滑得更快？／55

六、钢架雪车竞赛器材／58

七、钢架雪车竞赛设置与出发顺序／59

八、钢架雪车运动的技巧／61

九、钢架雪车在我国的发展概况／63

十、钢架雪车运动员的趣闻与故事／67

十一、钢架雪车运动观赛礼仪／72

十二、北京冬奥会钢架雪车观赛指南／73

参考文献／74

❋ 第三编　雪　橇

一、雪橇的发展历史／78

二、雪橇运动在我国的发展概况／79

三、有哪些雪橇娱乐活动？／82

目录 CONTENTS

四、为什么雪橇会被单独设为一项？／84

五、雪橇竞赛场地／85

六、雪橇运动员要具备哪些条件？／87

七、操控雪橇的难点有哪些？／87

八、雪橇比赛装备／88

九、雪橇运动员的体重规定／90

十、雪橇运动的动作与技术／90

十一、冬奥会雪橇竞赛规则／93

十二、雪橇运动员的趣闻与故事／95

十三、雪橇运动观赛礼仪／100

十四、北京冬奥会雪橇观赛指南／101

参考文献／102

第一编
雪　车
BOBSLEIGH

雪车也称"有舵雪橇",是一种集体或单人乘坐、可操纵方向的雪橇。雪车的平均时速在 100 公里左右,最高可达 160 公里,风驰电掣般地高速行驶是雪车比赛的最大看点!

一、雪车运动发展的历史

雪车起源于瑞士,是由雪橇运动发展而成。最初是瑞士的圣莫里茨(St. Moritz)一位叫博布(Bob)的男孩即兴将两只无舵雪橇前后摆放在一起,用前面的雪橇控制方向,从山上疾驰而下。这一创举,立即引起了围观者的兴趣。

1885 年 2 月,克雷斯塔雪橇滑道刚建好,人们就在圣莫里茨举办了第一届国际雪橇比赛,这次比赛吸引了无数的观众到现场观看。英国选手查尔斯·奥斯丁(Charles Aastin)在这场比赛中赢得了冠军。

1888 年,瑞士圣莫里茨地区一位叫马蒂斯(Mattis)的机械师,经过了 2 个多月的研究和设计,制造出一台安装有操纵舵的木框架结构的长雪橇。马蒂斯的雪橇展出之后,立即获得了推广。有舵雪橇竞赛由此迅速地开展起来,并且成为圣莫里茨接待旅游者的一项重要活动内容。

1890 年,雪车爱好者们又制成了装有金属舵板和制

第一编 雪　车

动刹车的雪橇，它被称为"有舵雪橇"，即今天我们所说的雪车。

1897年，第一个有舵雪橇俱乐部在瑞士的圣莫里茨创立。

1898年，四人座有舵雪橇在克雷斯塔问世。

1903年，圣莫里茨建成了第一条人工有舵雪橇线路。不久，瑞士的恩格尔贝格（Engelberg）和蓬特雷西纳（Pontresina）的有舵雪橇场地相继投入使用。当时，在圣莫里茨创立的有舵雪橇俱乐部为这项运动制定了规则。最初的规则规定乘员为5人，其中男子3人、女子2人。

到1914年，雪橇比赛在各种各样的天然冰上赛道举行。第一批赛车雪橇由木头制成，但很快就被钢制雪橇所取代。

到20世纪初，规则又规定只允许男子参赛，并将乘员的人数由5人减少为4人。

1923年11月23日，国际有舵雪橇和平底雪橇联合会（Fédération Internationale de Bobsleigh et de Tobogganing，FIBT）在法国巴黎创立[1]［2015年6月，正式更名为国际雪车联合会（International Bobsleigh & Skeleton Federation，IBSF）］。

1924年夏蒙尼冬奥会中，男子四人雪车就已经成为比赛项目。[2]

1928年，为推进雪车发展，FIBT决定从1930年开始举办世界雪车锦标赛，并追认1924年夏蒙尼冬奥会和1928年圣莫里茨冬奥会雪车比赛为第一届世界锦标赛和第二届世界锦标赛。

20世纪40年代末，田径、体操、手球等项目的一些运动员开始加入雪车比赛，从而大大推动了这项运动的发展，并开始了系统训练。

1952年，FIBT对雪车竞赛规则进行了一次修订，由单规定雪车的重量，改为限制乘员和雪车的总重量，而不再片面追求大体重。雪车赢得速度的第一步是在底部安装上铁制滑刀。当时的规则对这种滑刀的规格并没有限制，一般都用3/4英寸①宽和1/4英寸厚的铁条制成。

进入20世纪70年代中期，以德意志民主共和国为代表的一些国家和地区进一步加强了对雪车结构的研究和设计，提高了雪车的性能，使其滑行的速度不断提高。

1988年，雪车滑行的速度已由20世纪20年代初期的50公里/小时提高到143公里/小时。雪车以其特有的运动形式和刺激性吸引着越来越多的运动员参与其中。

20世纪80年代以前，雪车一直被视为男子独享的运动。进入20世纪90年代，这一禁忌被德国、美国、瑞

---

① 1英寸=2.54厘米。——编者注

士、荷兰、意大利等国家的女运动员逐渐打破,女子雪车运动随即很快发展起来。

1998 年,鉴于女子雪车运动的发展,国际奥林匹克委员会(Internationnal Olympic Commitlee,以下简称"国际奥委会")决定将女子双人雪车项目纳入冬奥会。其后有越来越多国家的运动员加入欧洲杯、美洲杯和世界锦标赛的角逐。

二、雪车运动的强国

雪车运动起源于瑞士,率先在欧洲流行开来。从 1924 年第一届冬奥会起,四人雪车就是正式比赛项目,之后,雪车运动受到越来越多国家的青睐,德国、美国、瑞士是老牌雪车(橇)项目的强国。近 3 届冬奥会各国雪车和钢架雪车运动员获奖情况见表 1–1。

表 1-1 近 3 届冬奥会雪车和钢架雪车项目奖牌统计[2,3]

单位：枚

国家	2010 年			2014 年			2018 年			总计			奖牌总数
	金	银	铜	金	银	铜	金	银	铜	金	银	铜	
德国	1	3	1	0	0	0	3	2	0	4	5	1	10
加拿大	2	1	1	1	0	0	1	0	1	4	1	2	7
美国	1	0	1	0	4	2	0	1	0	1	5	3	9
英国	1	0	0	1	0	1	1	0	2	3	0	3	6
俄罗斯	0	0	2	1	0	1	0	1	0	1	1	3	5
拉脱维亚	0	1	0	1	1	1	0	0	1	1	2	2	5
瑞士	0	0	0	1	0	0	0	0	0	1	0	0	1
韩国	0	0	0	0	0	0	1	1	0	1	1	0	2

结合表 1-1 的冬奥会雪车和钢架雪车项目奖牌榜与雪车运动发展的历史可以看到，近年来，加拿大、拉脱维亚等国家在该项目上成绩提高显著，加大了该项目的竞争性。[4]中国、韩国、印度一些亚洲国家也开始重视雪车运动的发展，该运动项目受到极大的关注，运动员数量越来越多，技术与训练水平进步神速。

期望中国以 2022 年北京冬奥会为契机，让广大民众走近冬奥、了解冬奥，普及冬奥项目知识与文化，更积极地参与冰雪项目、更好地营造冰雪文化等，从而带动"三亿人参与冰雪运动"从愿景走向现实，助力体育强国、健康中国战略实现，为奥林匹克运动发展、奥林匹克精神传播做出贡献。

三、雪车、钢架雪车、雪橇有什么区别？

雪车、钢架雪车、雪橇这三项运动非常相似，都是使用相同的赛道，都是高速地从赛道的起点滑到终点，运动员的穿着也比较像。因此，很多人都分不清这三项运动。

然而三者实质上有很大的差别，主要的区别在于比赛装备（运动员所乘坐的工具）与规则、比赛时候运动员的身体姿态，以及冬奥会的比赛小项。

1. 比赛装备与规则

（1）雪车。

从外观上看，雪车（图1-1）显然是豪华配置，车体四周有外置保护屏障，内部有方向盘和制动器，因此雪车也得名"有舵雪橇"。雪车好像"敞篷汽车"，车体是由钢铁与玻璃纤维或碳纤维等高科技材料组成，设计成符合空气动力学的车身复合体；雪车装有把手，底部有两组独立的滑行钢刃，尾部安装了制动器。雪车是冬奥会所有竞赛项目中体积最大、重量最重的体育器材。最小的雪车是女子单人雪车，其车身重量达162公斤；最大的雪车是四人雪车，车身重量达210公斤。雪车体型巨大，四人雪车长3.8米、宽0.67米。

比赛规则对雪车车身的重量和运动员的体重都有要求，重量不足可以为雪车的车体配重。雪车比赛用鞋的鞋底均匀分布着刷形的鞋钉。

图1-1 雪 车

（2）钢架雪车。

与雪车相比，钢架雪车（图1-2）是无舵、无制动器的，底部由铅块加重的骨架和两根固定的管状钢刃组成，车体上装有把手，供运动员出发时推动钢架雪车使用，也利于运动员将身体稳定于车体内，车体前、后装有

第一编 雪 车

缓冲器。

钢架雪车规则对车身的重量和运动员的体重都有要求,如果超重则需要减重。运动员需要佩戴头盔;比赛服由拉伸性材料制作而成;手套材质要细腻柔软,防止手部受伤;专用钉鞋保证出发时能与冰面充分接触。

图 1-2 钢架雪车

(3)雪橇。

雪橇(图 1-3)也叫作"无舵雪橇",它看起来就是一张板,这块板既没有舵也没有制动器。雪橇的橇体是由 2 个橇刃固体、2 个橇刃、底板和 2 个连桥组成。单人雪橇的重量为 21~25 公斤,双人雪橇的重量为 25~30 公斤,雪橇橇刃和钢体部分在使用前、后都需要进行打磨,根据气温、冰温和运动员的技术水平调整出合适角度。

趣赏冬奥——滑行项目

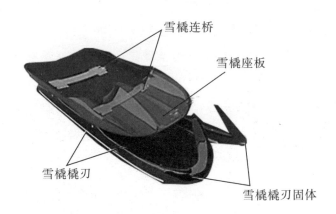

图1-3 雪　橇

2. 运动员的比赛姿态

在这三项运动中，运动员比赛时身体的姿态也是明显不同的。雪车比赛时，运动员驾驶着豪华的雪车，高速滑行于赛道内，可以控制转向与制动（图1-4）。钢架雪车比赛时，运动员是趴着（头在前、脚在后、腹部紧贴车身）进行比赛的（图1-5）。而雪橇比赛时，运动员则是躺着（脚在前、头在后）进行比赛的（图1-6）。

第一编 雪 车

图1-4 雪车运动姿态示意[5]　　图1-5 钢架雪车运动姿态示意[5]

图1-6 雪橇运动姿态示意[5]

· 11 ·

3. 比赛小项

2022 年北京冬奥会雪车比赛有男子双人雪车、女子双人雪车、女子单人雪车、四人雪车（自由性别，通常参赛者均为男性）4 个小项，其中女子单人雪车是北京冬奥会新增的小项。

由于钢架雪车比赛中，运动员只能俯身直冲，靠身体控制方向，比较而言，在三项运动中，钢架雪车的危险性最高。因此，钢架雪车比赛在 2002 年以前，仅仅在 1928 年和 1948 年冬奥会（都是在圣莫里茨举行）上亮相过。2022 年北京冬奥会钢架雪车比赛也只设立男子单人和女子单人 2 个小项。

2022 年北京冬奥会雪橇比赛有男子单人雪橇、女子单人雪橇、双人雪橇（自由性别，通常参赛者均为男性）和团体接力雪橇 4 个小项。

四、雪车是什么时候列入冬奥会的？

冬奥会是国际奥委会主办的世界性冬季项目运动会。在 1924 年巴黎奥运会开幕前，法国的夏蒙尼举行国际体育周，其间进行了冬季运动项目比赛。1924 年国际奥委会布拉格会议决定，每 4 年举行一次这类运动会，并将夏蒙尼国际体育周作为第一届冬季奥运会。[6]

1924 年夏蒙尼冬奥会中，男子四人雪车就已经被采纳为正式比赛项目，当时只允许男子运动员参加比赛。[1]

1928 年圣莫里茨冬奥会改为男子五人雪车；1932 年普莱西德湖冬奥会又恢复为男子四人雪车，并增加了男子双人雪车项目。

1998 年，鉴于女子雪车运动的发展，国际奥委会决定将女子双人雪车比赛纳入冬奥会，2002 年盐湖城冬奥会上才有了女子双人雪车项目。[1] 2022 年北京冬奥会增加了女子单人雪车比赛。

另外，由于当年未修建比赛赛道，1960 年斯阔谷冬奥会是历史上唯一一届没有进行雪车、钢架雪车、雪橇比赛的冬奥会。

五、现有哪些雪车比赛的赛道？

雪车比赛所用的赛道与雪橇和钢架雪车比赛的相同，并且与钢架雪车共用一个起点。赛道要求长度为 1200～1650 米、落差为 100～150 米。

目前，全世界范围内共有 17 条符合国际比赛标准的雪车雪橇赛道。[7] 它们分布在世界各地，欧洲 10 条，北美洲 4 条，亚洲 3 条。雪车、钢架雪车和雪橇赛道建成时间的早晚、建设数量的多少，与这些运动项目在该国的发展水平有着紧密联系。

值得一提的是，最古老的赛道在瑞士，而有 4 条赛道在雪车运动传统强国德国。

1. 瑞士的圣莫里茨赛道（St. Moritz-Celerina Olympia Bobrun）

它是世界上最古老的雪车赛道，也是唯一一条天然赛道，被称作全世界最美的"冰上艺术品"。赛道总长度 1962 米，比赛长度 1722 米，起始高度 1852 米，完成高度 1738 米，最大梯度 15%，平均梯度 8%，垂直下降 130 米，弯道数量 19 个。先后于 1928 年和 1948 年两次承办冬奥会的雪车项目。

2. 美国的普莱西德湖赛道（Mt. Van Hoevenberg Combination Bobsled, Skeleton & Luge Track）

它是迄今为止弯道最多的赛道，共有 20 个弯道。先后于 1932 年和 1980 年两次承办冬奥会，截至 2021 年，累计举办过 10 次世界锦标赛。赛道总长度 1680 米，比赛长度 1455 米，最大梯度 20%，平均梯度 9%，垂直下降 128 米。

3. 奥地利的因斯布鲁克赛道（Olympia World-Eiskanal Innsbruck）

该赛道于 1935 年建成，是迄今为止弯道最少的赛道，只有 14 个弯道。先后于 1964 年和 1976 年两次承办冬奥会，并于 2012 年举办了青年冬奥会，截至 2021 年，共举办过 7 次世界锦标赛。赛道总长度 1478 米，起始高度 1124 米，完成高度 1006 米，最大梯度 18%，平均梯度 9%，垂直下降 124 米。

4. **德国的奥伯霍夫赛道**（Rennrodelbahn Oberhof）

该赛道于 1973 年建成，是 17 条赛道中最大坡度最大的。截至 2021 年，举行过 3 次世界锦标赛。赛道总长度为 1354.5 米，比赛长度 1069.7 米，起始高度 830 米，完成高度 735 米，最大梯度 36.4%，平均梯度 9.2%，垂直下降 95 米，弯道数量 15 个。

5. **法国的拉普拉涅赛道**（Piste Olympique de Bobsleigh de La Plagne）

该赛道建成于 1990 年，是 1992 年阿尔贝维尔冬奥会的比赛场地。赛道总长度 1707.5 米，比赛长度 1507.5 米，起始高度 1684 米，完成高度 1559 米，最大梯度 14%，平均梯度 8%，垂直下降 124 米，弯道数量 19 个。

6. **拉脱维亚的锡古尔达赛道**（Bobsleigh and Luge Track "Sigulda"）

该赛道建成于 1986 年，是 17 条赛道中落差最小的。赛道总长度为 1420 米，比赛长度为 1200 米，起始高度 1170 米，完成高度 1080 米，最大梯度为 9%，平均梯度 8%，垂直下降 99 米，弯道数量 16 个。

7. 德国的国王湖赛道（LOTTO Bayern Eisarena Königssee）

该赛道建成于 1969 年，是世界上第一条人工赛道。截至 2021 年，先后举办过 4 次世界锦标赛。赛道总长度 1675.4 米，比赛长度 1251.2 米，起始高度 730 米，完成高度 630 米，最大梯度 20%，平均梯度 9%，垂直下降 120 米，弯道数量 16 个。

8. 加拿大的卡尔加里赛道（Calgary's WinSport Bobsleigh/Luge Track）

该赛道始建于 1986 年，是 1988 年卡尔加里冬奥会与 2005 年雪车世界锦标赛的赛道。赛道总长度 1494 米，起始高度 1251 米，完成高度 1130 米，最大梯度 15%，平均梯度 8%，垂直下降 121 米，弯道数量 19 个。

9. 挪威的利勒哈默尔赛道（Lillehammer Olympic Sliding Centre）

它是世界上最北端的雪车雪橇赛道，也是斯堪的纳维亚半岛唯一的人工赛道，1994 年利勒哈默尔冬奥会和 2016 年青年冬奥会的赛道。赛道总长度 1710 米，比赛长度 1365 米，最大梯度 15%，平均梯度 8%，垂直下降 114 米，弯道数量 16 个。

10. 德国的阿尔滕贝格赛道（Sachsen Energie-Eiskanal）

该赛道修建于 1983—1987 年。截至 2021 年，先后举办过6次世界锦标赛。赛道总长度1413米，起始高度785米，完成高度660米，最大梯度15%，平均梯度8.66%，垂直下降122.22米，弯道数量17个。

11. 德国的温特伯格赛道（VELTINS EisArena Winterberg）

该赛道于1910年建成，当时名为"奥夫德卡佩"（Auf der Lappe）天然冰赛道，1977年建成人造冰赛道并经过多次改造、重建，2015年更名为现名。截至2021年，先后举办过5次世界锦标赛。赛道总长度1330米，是17条国际赛道中最短的。起始高度760米，完成高度665米，最大梯度15%，平均梯度9%，垂直下降110米，弯道数量15个。

12. 日本的长野赛道（Nagano Bobsleigh and Luge Park）

该赛道于建于1994—1996年，是亚洲第一条人造冰赛道，1998年长野冬奥会和2003年世界锦标赛的赛道。赛道总长度1700米，比赛长度1360米，起始高度1028米，完成高度922米，最大梯度15%，平均梯度7%，垂直下降112米，弯道数量15个。

13. 美国的帕克城赛道（Utah Olympic Park）

该赛道于建于1994—1996年，2002年盐湖城冬奥会、2016年残疾人雪车和钢架雪车世界锦标赛的赛道。赛道总长度1570米，比赛长度1335米，起始高度2232米，完成高度 2128 米，最大梯度 15%，平均梯度 8%，垂直下降 104 米，弯道数量 15 个。

14. **加拿大的惠斯勒赛道**（Whistler Sliding Centre）

该赛道于 2008 年建成，是世界上速度最快的雪车雪橇赛道，承办了 2010 年温哥华冬奥会和 2019 年世锦赛。赛道总长度 1700 米，比赛长度 1450.4 米，起始高度 935 米，完成高度 802 米，最大梯度 20%，平均梯度 9%，垂直下降 148 米，弯道数量 16 个。

15. **俄罗斯的索契赛道**（Sanki Sliding Center）

该赛道建成于 2012 年，部分赛段由木质结构组成，承办 2014 年索契冬奥会和 2017 年世锦赛。赛道总长度 1814 米，比赛长度 1500 米，起始高度 836 米，完成高度 704 米，最大梯度 22%，平均梯度 20%，垂直下降 124 米，弯道数量 17 个。

16. **韩国的平昌赛道**（Alpensia Sliding Centre）

该赛道于 2016 年建成并承办了 2018 年平昌冬奥会，亚洲的第 2 条赛道。赛道总长度 1659 米，比赛长度 1376 米，起始高度 930 米，完成高度 850 米，最大梯度 25%，平均梯度 9.48%，垂直下降 117 米，弯道数量 16 个。

17. **中国的延庆赛道——延庆国家雪车雪橇中心**（Yanqing National Sliding Center）

为筹办 2022 年北京冬奥会，北京延庆赛区建设了中国的第一条雪车赛道,这条赛道也经过了国际雪车联合会的认证,成为世界上现有的第 17 条可供国际大赛比赛的雪车赛道,将承办 2022 年北京冬奥会雪车、雪橇、钢架雪车 3 项比赛。它于 2018 年开始建设,2020 年建成。它是亚洲唯一的 360°回旋弯赛道。赛道总长度为 1975 米,竞赛长度 1615 米;起始高度 1019 米,完成高度 912 米,最大梯度 18%,平均梯度 6%,垂直落差为 121 米,设置了 16 个弯道;最高设计速度 134.4 公里/小时;共设置 5 个赛道出发区,总观众席位数 7500 席,赛道采用氨直接蒸发制冷系统,充分体现了"绿色奥运、科技奥运"的理念。[8]

延庆国家雪车雪橇中心有两大特点:第一,独特的建筑造型。延庆国家雪车雪橇中心场地设计宛如一条游龙飞腾于山脊之上,被称作"雪游龙",采用"毫米级"双曲面混凝土喷射及精加工成型技术,1.9 公里赛道一次性喷射浇筑成型,具有浓厚的中国特色。第二,独特的"山地气候保护系统"。和其他国际赛场不同,延庆国家雪车雪橇中心增加了一个赛道遮阳屋顶。项目团队将其与赛道形状、自然地形和"人工地形"相结合,研发出了一套独特的"山地气候保护系统",它能有效保护赛道冰面免受各种气候因素影响,避免阳光对运动员的视线影响,确保比赛可以高质量进行,并最大限度降低能源消耗。

六、对于雪车运动员体重有什么规定？

为了让雪车比赛更加公平公正，冬奥会对雪车的重量加以限制：在雪车车身重量方面，要求双人雪车不得低于170公斤，四人雪车不得低于210公斤；在总重量方面（包括车身重量和运动员体重），要求男子双人雪车最大不得超过390公斤，四人雪车最大不得超过630公斤，女子双人雪车不得超过340公斤。如果总重量未达上限，选手可以在保证安全的前提下为雪车车体配重。

在雪车比赛中，运动员的体重对成绩影响很大，因而对不同位置运动员的体重要求也有所不同。以男选手为例，通常左、右两侧推手身高要达到185厘米左右，在这个位置上的运动员一般体重会在100公斤以上。舵手的体重需要保持在98公斤以上，刹车手的身高和体重要求相对低一些——身高180厘米左右、体重为95～98公斤。

 七、雪车比赛共设几个小项？

2022年北京冬奥会的雪车比赛设有四个小项：四人雪车（自由性别）、男子双人雪车、女子双人雪车、女子单人雪车。其中，女子单人雪车是2022年北京冬奥会新增的小项。

每个小项要进行 4 轮比赛，赛期 2 天，每天进行 2 轮比赛。首轮的出发顺序由抽签决定。自第 2 轮起，出发顺序由前 1 轮的比赛结果决定，成绩靠后的车组先出发，接着依次排列出场。在 4 轮比赛完成后，会将 4 轮滑行中到达终点的用时进行相加，得到最终的成绩，时间越短，则排名越高，若出现两个或多个车组总用时相同的情况，则要比较车组各自的最快的一轮的成绩，用时更少者排名靠前。[9]

八、雪车在我国的发展概况

1. 中国雪车协会

1983 年 10 月，原国家体委和中华全国体育总会经请示国务院，决定申请加入 FIBT。根据入会申请要求，原国家体委训练竞赛三司于同年 11 月起草了《中国雪车协会章程（草案）》，并成立了中国雪车协会。1984 年 1 月 26 日，中国雪车协会向 FIBT 提交了入会申请。1984 年 4 月 18 日，FIBT 同意中国雪车协会加入。[10]

2. 中国国家雪车队的组建与选拔

2015 年北京成功申办 2022 年冬奥会后，中国国家雪车队正式开始组建，而且中国国家雪车队的选手都是从其他运动专项转项过来的。

  2017年首届全国雪车锦标赛暨平昌冬奥会测试赛在加拿大卡尔加里赛道举行，我国9个省区市的21名运动员参赛。该次比赛是雪车项目的第一次全国性比赛，通过此次比赛，决出了进入平昌冬奥会资格赛的中国运动员名单。[11]

  2020年以前，由于国内没有正规的雪车滑道，所以雪车项目的全国锦标赛连续两届都在海外进行。2018—2019赛季第二届全国雪车锦标赛10月13日在加拿大卡尔加里举行。共有来自全国14个省、市、自治区的27名运动员参加比赛。10月26日在加拿大卡尔加里收官，27名运动员参加了8个小项的争夺。相比2017年的6个小项新增了男子四人推车和四人雪车的比赛，传统的6个小项分别为单人、双人推车比赛及双人雪车比赛（均分设男子、女子组）。参加比赛的27名运动员中，有13名是老运动员，另外14名是2018年通过跨界跨项选拔出来的新雪车运动员，主要是从田径、举重、橄榄球等项目跨项而来。中国雪车队以赛代练，以赛促练，用这种非常规的方式，争取在短时间内，以老带新，以新促老，促使运动员快速成长。[12]

  2018年平昌冬奥会上，中国选手首次出现在男子双人雪车和四人雪车2个小项的比赛场上。在男子双人雪车比赛中，中国雪车队的李纯键、王思栋和金坚、申可这两对组合首次亮相于冬奥赛场；在四人雪车比赛中，以邵奕俊为舵手，搭档李纯键、王思栋、史昊和王超（替补）的四人雪车组合也完成了他们在冬奥会赛场上的首秀。虽然在平昌冬奥会男子双人雪车比赛上，中国队的两对组合在完成第3轮比赛后均被淘汰，无缘晋级，但中国雪车队由此迈出了在冬奥历史上的第一步。[13]

2020年，在国际雪车联合会世界杯系列赛瑞士圣莫里茨站比赛中国雪车队连创佳绩，继当地时间2月1日男子双人雪车首次跻身世界杯前十后，李纯键组合次日再创历史，在四人雪车项目上排名第七，书写中国雪车队世界杯历史最好成绩。本站的四人雪车比赛共有20个车组参赛，包括两个中国车组。李纯键和队友吴清泽、吴志涛、陈天宏两轮比赛总成绩2分11秒88，与夺冠的加拿大克里普斯组合相差0.76秒。李纯键组合两轮比赛分别排名第五和第六，最终总成绩排名第七。另一个中国车组由邵奕俊担任舵手，最终排名第十四，落后冠军组合1.63秒。从总成绩的数字对比可以看出，雪车项目运动员比赛用时是非常接近的。[14]

九、为什么雪车运动的跨界运动员多？

在竞技体育上，国家或者团队需要花费大量的资源用于发掘有潜力的青少年，以期培养出优秀的运动员。据估计，获得1枚奥运会金牌所需的开支约为2500万美元。然而，许多运动员往往在幼年或早期训练阶段表现出较高的运动水平，但是达到一定年龄和训练水平以后，成绩却无法继续保持或提高，未能达到培养的预期目标。这就引出了如何最有效地利用资源培养最合适人才，怎样将选材失误的风险降到最低等问题。传统的运动员选材通常专注于年龄较低（5～18岁）者，所以运动员开始专项化训练较早，如果成绩提升空间不大，往往会被直接淘汰，这使得运动员和培养机构都将付出极大的"沉没成本"。那么能否将这些具备一定运动基础，却无法在既定项目上取得成功的运动员，进行体能、心理和技能等方面的"二次评估"，将他们引入到更适合的项目中呢？于是，跨项选材应运而生。[15]

相比其他项目，雪车项目的许多运动员都是从其他运动项目选拔或转项过来的，比如说田径或者拳击运动。田径运动员，特别是短跑或者跨栏运动员，他们的爆发力强、体能充沛、柔韧性好，正好符合雪车运动项目的选材条件。20世纪40年代末,田径、体操、手球等项目的一些运动员开始加入雪车比赛中来,并带来了系统的训练模式,从而大大推动了雪车运动的发展。

截至2018年平昌冬奥会,国际上跨界冬季和夏季奥运会的运动员共有138名,他们既参加夏季奥运会,又参加冬季奥运会,而在这两类奥运会都取得奖牌者不在少数。例如,美国选手爱德华·伊根(Edward Eagan),他是第一个在夏季、冬季两类奥运会都取得金牌的运动员,夺冠项目是拳击和雪车。美国黑人选手劳琳·威廉姆斯(Lauryn Williams),她曾是短跑运动员,在世界青年锦标赛上收获了1金1银,并在2004年雅典奥运会上取得银牌;转项后多次在雪车项目中获奖,2014年她和队友以0.1秒的微弱差距取得索契冬奥会女子双人雪车项目银牌。中国雪车运动员邵奕俊、应清等近年来在雪车运动中崭露头角,在国内外比赛中取得不错成绩,填补了中国雪车运动的空白,而从事雪车运动前,他俩都曾是田径运动员。

十、雪车的危险性高吗?

在出发信号灯发出后60秒之内,运动员可以手推雪车奔跑启动,以获得初始速度,推行距离约为50米,之后运动员逐一跳入雪车车体中。四人雪车按照舵手、推手、制动员的顺序,双人车按照舵手、刹车手顺序依次跳入车体当中,并快速收起把手,呈坐姿滑行。

雪车的平均时速在 100 公里左右,最高可达 160 公里,高速行驶也意味着在比赛过程中随时都有危险存在。在高速的行驶过程中难免会有意外情况发生,最坏的情况是遭遇翻车。如果雪车在驾驶过程中不幸遭遇翻车,运动员应及时抓牢车内的固定铁把,避免因强大的离心作用被甩出雪车,头部应最大限度地钻进雪车内,尽可能保护自己,降低受伤风险。雪车项目是技术性很强的高危运动项目之一,对运动员体能和技术的要求相对较高,其训练过程中处处都有发生损伤的可能性,运动员受伤在所难免。[16]学者梁志强等通过研究发现,雪车运动是所有团队运动项目中损伤率最高的运动,雪车运动员在训练及比赛中产生的主要损伤的种类以及比例如图 1-7 所示。

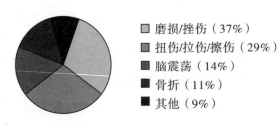

图 1-7　雪车运动员损伤类型[17]

十一、雪车各项目的比赛规则

1. 四人雪车

四人雪车比赛在 1924 年法国夏蒙尼冬奥会上就被采纳为正式比赛项目。

在四人雪车比赛中,参赛成员由舵手、第一推手、第二推手和制动员组成。比赛开始后,运动员通过推车助跑来使雪车获得较好的加速,舵手的固定推车把手是靠近雪车车体最前面的把手,位于舵手同侧后面的运动员是第一推手,他的推车把手在雪车车体左侧稍后的位置,第二推手的推车把手位于舵手身后的对侧位置,最后面的制动员则双手握住雪车车体后面敞开的两端来使雪车加速。推车阶段要求所有队员全力加速推车,最后一名制动员要注意平衡两侧运动员的推力,使雪车直线向前加速移动,在所有队员全部进入车内后,全队开始沿滑道加速下滑。

2. 男子双人雪车

在 1932 年美国普莱西德湖冬奥会上,男子双人雪车比赛被正式列入冬奥会的比赛项目。

男子双人雪车比赛,参赛成员由舵手和制动员组成。出发时,制动员位于雪车后面,主要负责起跑阶段的推车加速和通过终点时刹车制动,而雪车前面的舵手不仅要在起跑阶段负责加速，而且在起跑结束跳入车内后还要承担起控制雪车方向的重任，两个人必须配合默契，起跑阶段都要拥有强有力的爆发加速能力。当两人先后跳入车内进入滑行阶段后，坐在后面的制动员要能够根据滑行的弯道随时调整身体重心以配合舵手的转弯，还要俯身尽可能减少自己的风阻；前面的舵手则要胆大心细，熟悉赛道的每一个转弯，根据滑行的速度随时调整方向舵来适应滑道的曲度变化，减少碰撞带来的阻力。

3. 女子双人雪车

雪车运动最初是允许女子参加的，但后来由于这项运动危险性极高，便禁止了女性运动员参加。随着滑道、雪车和保护装备的改进，允许女子参与雪车运动的呼声越来越高。FIBT第一次举行的女子双人雪车比赛是在1998年，接着2000年女子双人雪车比赛成为世界锦标赛的正式比赛项目，2002年美国盐湖城冬奥会上，女子双人雪车项目成为正式的冬奥会项目。

4. 女子单人雪车

单人雪车在IBSF承办的青年运动会和残疾人运动会上最常出现，此外，每年夏季都会举办陆地推车赛，其中也能看到女子单人雪车比赛。2018年7月，国际奥委会将女子单人雪车项目列为冬奥会的正式比赛项目，该项目将出现在2022年北京冬奥会上。

作为个人项目，单人雪车对运动员的综合能力要求更高。相对于双人雪车，单人雪车车体重量并未改变多少，但在起跑推车加速阶段，只有一个人奋力推车加速，这不仅要求运动员有极强的爆发能力，还对运动员保持雪车在出发槽内直线前进的能力提出了更高要求。当进入赛道滑行阶段，就考验运动员人车合一的驾驶能力了。由于是单人座，雪车内座位相对靠后，操控前刃转向的距离长，运动员要时刻注意将雪车的重心与滑道的中心保持一致，成绩的好坏完全是个人能力的展现。

十二、雪车运动技术

雪车运动技术可分解为推车启动、跃上雪车、赛道滑行、刹车减速4个技术部分。

1. 推车启动技术

在雪车训练和比赛中，推车启动技术是项目制胜的关键。运动员在推车技术上的水平差异可以影响到雪车前进的速度，主要表现在单手推车和双手推车上面，这两种推车技术各有其自身特点。

单手推车技术是一种主流的推车技术，运动员在单手推车时身体更加灵活，蹬伸更加充分，从而可以获得更大的加速度。在每一场比赛中，推车加速技术较好的选手基本上都采用这种技术,但稳定性较差。

双手推车是雪车推车的传统技术,与单手推车相比更加稳定,不容易失误。但因为双手推车要求运动员脊柱向前弯曲,会制约推车的前进速度。相比而言,推车加速技术较差的运动员往往会采用这种技术。

2. 起跳跃上雪车

起跳动作的要点包括起跳角度、高度、速度和姿势,它是运动员从推车阶段向滑行阶段过渡的一项关键技术动作。在推车阶段,运动员的推动速度会影响起跳动作,推动速度越快,起跳效率越低。运动员做起跳上车动作的过程中还会导致雪车的前进速度变慢,较好的起跳可以使运动员在跃入雪车的同时尽量减小雪车损失的速度。

3. 赛道滑行技术

良好的滑行技术主要取决于运动员的技术水平、身体素质和雪车的类型,其中运动员的技术水平是影响比赛成绩的决定性因素。在一条标准的赛道上,运动员要经历十多个形态不同的弯道,因此良好的弯道滑行技术对运动员成绩至关重要。转弯动作包括膝转向、肩转向、肩与膝转向。膝转向,通过一侧膝对雪车框架施加压力,可以造成整个雪车重量分布的不对称。肩转向,由于膝关节的发力,造成对侧肩的紧张,起到更好的支撑作用。肩与膝转向,在进行较大角度的转弯时,肩与膝要同时发力。例如，左肩与左膝进行收缩，可以使雪车向左转向。雪车整个滑行过程持续约 75 秒，速度可达 160 公里/小时，冲过终点时选手必须在座位上，否则成绩无效。

4. 刹车减速技术

雪车通过终点后，制动员要立即采取刹车措施，防止雪车因速度过快冲出赛道终端。

十三、计时的设备与技术改革

雪车运动是冬奥会中速度最快的运动，运动员以秒的千分位争夺冠军，这导致比赛最终结果几乎无法以肉眼来判断，而只能借助科学技术进行精确测量。创造奥林匹克运动历史的比赛记录也离不开计时技术的支持。

1896 年雅典奥运会所使用的计时器精确度为 0.2 秒，虽只有 30 分钟的计时能力，但足以应付除马拉松项目外的大部分项目，减少了肉眼判定引起的争议。比赛依靠机械秒表计时，有一条"麦布里奇线"与机械秒表相连，只有当这条线被首先冲过终点的运动员奋力撞断，秒表才会停止计时，再由计时人员记录下时间进行排名。

1912 年斯德哥尔摩奥运会上首次使用电子计时器和终点摄影装置，用摄像机拍摄运动员撞线瞬间的画面来弥补人工手动计时的缺点，但摄像机与计时器无法同步，比赛的胜负还是依靠肉眼判断。

1932年洛杉矶奥运会在体育计时历史上具有里程碑意义。奥运会前所未有地选用了一家公司承担奥运会所有比赛项目计时的任务，并将这一荣耀给予了欧米茄（OMEGA）。欧米茄为赛事提供了1名计时员和30枚经瑞士纳沙泰尔天文台（the Observatory at Neuchatel）认证的高精准度计时表。首次担任奥运会正式计时，欧米茄即成功将比赛结果精确至接近十分之一秒。欧米茄的专业计时技术不仅赢得了来自奥组委的高度赞誉，更帮助洛杉矶夏季奥运会确立了17项新的世界纪录。同时，奥运村以及奥运领奖台的首次设立也令该届赛事名声大震。

1948年伦敦奥运会上，光电管技术首次运用于终点摄影机（Photofinish Camera）。计时设备发出的光线与计时装置连接，参赛选手在穿越终点线的一瞬间阻挡光线的照射，计时立刻随之停止。这项光电子眼计时技术（Photoelectric Timing）也被俗称为"魔眼"（Magic Eye）。光电子眼计时技术的所有功能都由电子管控制，在当时，精确度已达到将近千分之一秒，超越了之前的所有计时设备。从此，在奥运会的比赛场上，机器开始逐步替代人工从事更精确的计时工作。[18]

1952年赫尔辛基奥运会上，石英电子计时技术与终点摄影技术进行结合，首次出现了石英电子计时器，其将时钟增加至狭缝摄影机上,用以自动进行记录,精确度达到百分之一秒。

1972年慕尼黑奥运会广泛使用了自动控制、信息传播和处理等技术,被称为"技术奥运会",出现了精度高达千分之一秒的电子计时器。该计时器技术先进,可自动控制计时,同时其出色的信息处理技术也代表着"跑表、皮尺"人工计时时代的终结。

1976年蒙特利尔奥运会上,可用于实时显示比赛成绩的电子计分板首次被应用,可以同时显示时间、分数等信息,计时器不再是单纯的计时装备。

1992年巴塞罗那奥运会上出现了"全能运动操作系统",它可以满足一切项目计时测速和计分的需要。这个系统具备先进的快速录像能力,还可以利用网络将分布于赛场上的电子计时器、光电测距仪、自动记分装置等融合在一起。

1996年亚特兰大奥运会上,短跑跑道两侧设立了能够迅速测定每位选手速度和加速度的激光仪,还在终点位置装了高速摄像机,以记录选手们最后冲刺撞线的镜头。自行车和马拉松比赛也使用了电子感应器。

2000年悉尼奥运会上,计时器首次通过互联网公布实时赛况。

2012年伦敦奥运会首次使用了量子计时器,其精确度已达到千万分之一秒,是奥运会计时技术的又一次突破。

在2014年索契冬奥会上,计时团队沿赛道设置了多对激光电子眼,用于测量并记录起始时间、中途时间、完赛时间,以及每位参赛选手加速冲过终点线时的最大速度。

十四、雪车运动员的趣闻与故事

1. 天赋异禀的美国运动员爱德华·伊根

在国际上,跨界参加夏季、冬季两类奥运会的运动员并不在少数,都能夺得奖牌的人不算太多却也并不稀少,但在夏季、冬季两类奥运会上都夺得金牌的运动员迄今为止只有一人,他就是美国的传奇跨界大神——爱德华·伊根。

这位来自美国的男孩,自幼就失去父亲,家庭贫困。但他从小就很懂事,帮助母亲劳作以减轻家庭的负担,这便造就了他坚韧不拔的意志品质,逐渐长大的他开始展现出过人的体育天赋。

由于家境贫困,为了贴补家用,他选择努力读书,考进了哈佛大学法律学院,然后又到了耶鲁大学继续攻读法律专业,最后又前往牛津大学进行学习。经过这三所世界顶尖学府的教育,伊根成为一名受人尊敬的律师。

然而文化方面比较突出的他,并没有放弃体育运动,在求学期间,他参与了不少比赛。1919年,22岁的他在一场重量级业余拳击比赛中拿到了冠军,之后多次参赛锻炼自己,并在1920年安特卫普奥运会上,成功击败了所有的对手,获得了拳击运动的金牌。伊根之后回到牛津大学继续学习法律,并继续把拳击当作自己的第二份职业。不久后,在欧洲业余拳击锦标赛中,他又一次获得了冠军,成为这一比赛的第一位美国籍冠军。

学业完成之后,伊根成为一名优秀的律师,但他的冠军之路还没有走完。在一次机缘巧合之下,伊根看到了雪车并被深深吸引。1932年,他与队友一起磨合了3个星期后,竟然获得了冬奥会的金牌。时隔12年,伊根再次迎来辉煌。

从1932年伊根创造历史至今,再也没有像他这样能在夏季、冬季两类奥运会上都取得金牌的运动员了。他是每一位奥运选手的偶像,其一生创造的成就无时无刻不在激励着众多运动员。

2. **尼日利亚田径冠军——塞恩·阿迪贡**(Seun Adigun)

尼日利亚属于非洲热带地区,当地的很多人从来都没有见过雪,可以想象到冬奥会的冰雪项目很难在非洲开展。虽然本国的训练比赛条件落后,自身水平有限,但对于这些非洲冬季专项运动员来说，能够代表国家参与冬奥会就是莫大的成就。

2018年平昌冬奥会，非洲有8个国家12名运动员参加了比赛，那次，非洲国家参赛规模超过往届。

阿迪贡1987年1月出生在美国，拥有美国和尼日利亚双重国籍，父母都是尼日利亚人，她还是NBA著名球星奥拉朱旺的外甥女。

出生于运动世家的阿迪贡从小运动天赋过人，是一名狂热的篮球和田径运动爱好者，主攻项目是短跑和跨栏。尽管出生在美国，但阿迪贡一直以尼日利亚运动员的身份在赛场上奋斗。2009—2012年，她专攻百米跨栏比赛，拿到了这一项目的三届尼日利亚全国冠军和两届非洲大赛冠军，蜚声世界，被媒体称为"非洲最会跨栏的女人"。

后来由于伤痛，她无奈选择了退役。但2014年索契冬奥会惊险刺激的雪车项目闯入阿迪贡的眼中，阿迪贡萌生了代表尼日利亚参加冬奥会雪车项目的想法。这一想法并不是她一时的心血来潮。抱着这样的想法，为了参加雪车比赛，阿迪贡在2015年到美国达拉斯参加雪车培训，经过两年的训练，阿迪贡成功跨项，代表美国队参加了2016年的雪车世界杯系列赛。

但是深爱尼日利亚的阿迪贡，更希望能代表尼日利亚出战冬奥会的雪车比赛。抱着这样的想法，阿迪贡离开了美国雪车队，开始组建一支自己的雪车队，她召集了同样是田径运动员的奥梅奥加（Akuoma Omeoga）和奥温梅里（Ngozi Onwumere），尼日利亚雪车队就此诞生。然而，由于气候等原因，尼日利亚国内没有场地训练，阿迪贡等人只能在美国休斯敦进行训练，可是困难接踵而至。队友很难适应美国的天气，而高昂的训练经费是她们面临的最大问题，如订购一辆入门级专业雪车就要17万美元，在这笔巨大的开支之外，装备、教练、比赛样样都需要不少的花销。因此在队伍刚刚组建时，由于没钱买雪车，她们不得不拿木头和金属自己制作了一辆"雪车"。随着训练的花销越来越大，阿迪贡不得不在网上发起众筹，希望能为这片没有雪的大陆带来雪车这项运动。众人纷纷被她的精神打动，经过14个月的众筹，她们的训练资金才得到保证。之后她们积极备战，在2018年平昌冬奥会上，拥有突出贡献的阿迪贡被选为尼日利亚代表团的旗手，拥有近百年历史的冬奥会也终于迎来了一支来自非洲的雪车队。

尽管阿迪贡带领的尼日利亚雪车队在2018年平昌冬奥会上没有取得奖牌，但阿迪贡的精神鼓舞了一大批非洲大陆的运动员，相信在2022年北京冬奥会上，将会有更多的非洲国家前来参与这次盛会，书写冰雪运动的新篇章。

3. 美国短跑天才——劳琳·威廉姆斯

冬奥会中的雪车和钢架雪车项目，特别适合田径运动员参加。除了运动员的基本素质外，田径选手的爆发力和柔韧性对于雪车运动来说都是十分需要的，因此不少田径短跑选手在退役之后会选择投入到雪车项目中来。在这些转项运动员中，来自美国的黑人姑娘劳琳·威廉姆斯是最为著名的一个。

这位美国姑娘在短跑比赛中取得骄人的成绩。她在少年时期就展现出了速度天赋，高中时打破了学校 100 米、200 米、4×100 米接力和跳远等多个项目的纪录。2002 年，不满 19 岁的她在世界青年锦标赛上收获了 1 金 1 银，成为田径赛场上最闪耀的新星。2004 年雅典奥运会是她的奥运会首秀，她在 100 米比赛中，以 0.03 秒的微弱差距拿到亚军。在 2005 年和 2007 年两届世界锦标赛上，她收获了 3 金 1 银的好成绩，成为田径女子短跑中的顶级高手。此后的多次比赛中，她都把奖牌收入囊中。

2013 年，劳琳由于伤病不得不从田径赛场上退役，后来经过队友洛洛·琼斯（Lolo Jones）的推荐，开始接触雪车运动，然后在卡尔加里开始了她的训练历程。不久后，劳琳就在卡尔加里锦标赛上拿到了第 3 名的好成绩。训练不到 6 个月，她就获得了一个世界杯系列赛分站冠军，并在 2014 年 1 月以美国雪车运动员的身份得到了

2014年索契冬奥会的参赛资格。随后在这次比赛中,她和队友配合默契,前两轮比赛中她们的成绩都远超其他选手,其中1轮还以57秒26的成绩创造了赛道纪录。可惜的是,4轮滑行结束后,威廉姆斯组合以仅仅0.1秒的差距落后加拿大组合,获得了冬奥会的亚军。

劳琳·威廉姆斯成为世界上第5位同时拥有夏季、冬季两类奥运会奖牌的运动员,在奥运会的历史上留下了光辉的篇章。

4. 中国南方城市的雪车队队长——邵奕俊

邵奕俊出生于上海,身材壮硕,身高1.9米、体重105公斤。刚从事运动训练的时候,他选择了将铅球作为自己的运动专项,并以极大的优势进入上海田径队开始训练,跟随我国昔日的铅球名将隋新梅进行学习。

2015年,为了培养专业的参赛选手,尽快赶上雪车强国的脚步,中国雪车队开始在全国范围内从田径、举重等竞技项目运动员中跨界选拔人才。邵奕俊的教练觉得身材高大的邵奕俊身体条件十分符合雪车队招选的要求,就帮他报了名,邵奕俊也抱着试试看的态度参与了海选。没有想到年仅22岁的邵奕俊从60位候选人中脱颖而出,成功入选。

因从小在南方长大而很少见到雪,对于冰雪运动还不太了解的邵奕俊就这样正式改项成为一名雪车运动员。在接受雪车项目训练之前，邵奕俊几乎没有参加过刺激类的活动，车都没有开过几次，100多米的赛道落差和风驰电掣的雪车行驶速度使邵奕俊深深地感受到了恐惧，他曾一度想到过放弃。但是，"既来之则安之，既然已成为雪车运动员，我就全力以赴"成为他坚持雪车运动的理由之一。

刚开始训练时，邵奕俊主要负责刹车，随着训练中一次次的尝试，他的胆量也渐渐大了起来，继而开始从事舵手的位置。于是，这个连开车技术都不太娴熟的南方小伙，就这样在雪车赛道上开起了冰上"汽车"。由于雪车的滑行速度很快，很多人把雪车称作"雪上F1"，而舵手就是一个车组的灵魂和核心。从雪车制动员到如今中国首个四人雪车队伍的舵手，邵奕俊经历了不少的磕磕绊绊，在一次滑行中甚至还遭遇事故撞成了脑震荡。但所有的困难都抵挡不了邵奕俊勇往直前的步伐。

平时除了刻苦训练，从2015年加入中国雪车队到2018年平昌冬奥会之间的3年时间里，他所记录关于弯道离心作用等物理知识的笔记足足有3大本。2017年10月，中国在加拿大举办了第一届全国雪车锦标赛暨平昌冬奥会测试赛。邵奕俊参加了男子双人雪车比赛，并通过与队友合作，拿到了冠军。随后，平昌冬奥会雪车项目积分赛在美国举行，为了赢得2018年平昌冬奥会的参加资格，中国雪车队向这场积分赛发起了挑战。邵奕俊与队友一起努力，最后取得了 3 个参赛名额，其中邵奕俊和队友还曾 6 次登上领奖台。虽然最后中国雪车队在平昌冬奥会上排名不算高，但是中国雪车项目终于走向了国际赛场，填补了中国雪车历史上的空白。[19]

5. 中国女子雪车运动员——应清

1997 年出生的应清，来自上海，最初是在上海田径队进行训练，主攻百米跨栏，属于专业队正式队员，竞技成绩也不错。2015 年是应清练习跨栏项目的第四个年头，为了参加在韩国平昌举行的冬奥会，国家开始为新型运动项目雪车在全国范围内选拔年轻队员组建国家雪车队。2015 年冬天，应清前往沈阳体育学院参加雪车运动测试选拔，考试内容包括 60 米的速度测试、投掷铅球的力量测评、立定跳远的爆发力考查等。田径运动队训练给应清打下了坚实的基础，因此应清在雪车的这些测试项目中表现非常好，最后脱颖而出，成为中国雪车队中的一员。

2017 年 2 月 13 日，雪车世锦赛在德国国王湖赛道开幕，中国选手应清和马园园出现在女子组比赛里，最终她们获得了第 20 名。也是在同年她获得了 2017 年 IBSF 北美杯惠斯勒站季军。由于当时中国还没有修建专业的雪车赛道，2017 年首届全国雪车锦标赛暨平昌冬奥会测试赛在加拿大卡尔加里赛道举行，王思栋和应清分别获雪车单人推车男子、女子组别冠军。2017年11月进行的北美杯惠斯勒站女子双人雪车比赛中，2名上海选手——年仅18岁的应清和17岁的何欣怡一举战胜外国的优秀选手，获得铜牌；在随后进行的卡尔加里站女子双人雪车比赛上，两位姑娘登上了最高领奖台。2018年11月20日，2018—2019赛季IBSF北美杯美国帕克城站，中国选手应清和黄佳佳以1分41秒42的成绩获得女子双人雪车铜牌。2019年12月20日，在IBSF女子单人雪车系列赛德国国王湖站的比赛中，应清以两轮比赛总成绩1分50秒73夺冠。从田径转项到雪车项目的短短几年内，应清刻苦训练，进步神速，并取得了优异的成绩。在2022年北京冬奥会上，希望应清所在的中国女子雪车队能够披荆斩棘，取得更加瞩目的辉煌！[20]

十五、雪车运动观赛礼仪

雪车赛道的特点是赛道距离长、回转多，依托地势山形而建。为了方便现场观众观看比赛，设计有指定的观赛区域。一般分为座席和站席，座席位置一般比较高，设在起点、终点和赛道的大拐弯处，而站席则一般设在赛道的直线赛段，可以让观众近距离体验雪车风驰电掣的感觉。观众务必凭票在工作人员的指引下到相应的位置观看，不得有随意走动或者越界行为。

观众应该遵守观赛礼仪,预留充裕时间办理入场手续,接受工作人员的安全检查,禁止携带易拉罐、玻璃瓶饮料以及塑料袋等轻质物体进入场地。在赛前,应适当了解雪车比赛的规则,避免因为理解的不同做出影响他人的举动。应配合工作人员在指定区域观赛,严格保持与赛道之间的距离。赛中,不要吸烟或者吃带有浓烈气味的食物,不损坏公共设施,不往赛道内扔杂物,并调低或关闭手机铃声,拍照不使用闪光灯,不可翻越护栏与围挡,从而创造一个更加卫生和安全的赛场环境。无论胜负,对所有参赛运动员的精彩表现都应报以热烈的掌声予以鼓励。其他诸如因裁判判决和突发事件引起的骚乱、喝倒彩、提前退场等问题也要大家引起注意,做到理性观赛。赛后,请注意随手带走自己的垃圾,并尊重不同国家运动员的习俗、信仰,做到不围观、不评论。

十六、北京冬奥会雪车观赛指南

国家雪车雪橇中心被称作"雪游龙",是北京冬奥会雪车、钢架雪车、雪橇项目的比赛场地。场馆共有 16 个角度、坡度不同的弯道。

2022 年北京冬奥会雪车比赛将产生 4 枚金牌,包括男子双人雪车、女子双人雪车、女子单人雪车、四人雪车（自由性别）各1枚金牌。其中女子单人雪车是北京冬奥会的7个新增小项之一。

北京冬奥会雪车比赛的赛程见表1-2。

表1-2 北京冬奥会雪车比赛的赛程[21]

日期	比赛开始时间	项目	比赛场地	地址
2022-02-13	09:30	女子单人雪车第一轮/第二轮	国家雪车雪橇中心	北京延庆区西大庄科村
2022-02-14	09:30	女子单人雪车第三轮/第四轮		
	20:05	男子双人雪车第一轮/第二轮		
2022-02-15	20:15	男子双人雪车第三轮/第四轮		
2022-02-18	20:00	女子双人雪车第一轮/第二轮		
2022-02-19	09:30	四人雪车第一轮/第二轮		
	20:00	女子双人雪车第三轮/第四轮		
2022-02-20	09:30	四人雪车第三轮/第四轮		

参考文献

［1］陈彦，关维涛．话说奥运：奥运之光（公元前776年—公元1896年）［M］．辽宁：东北大学出版社，2011．

［2］武林志，唐琨，廖丽萍，等．基于平昌冬奥会赛况及主场优势对我国雪车和钢架雪车发展的启示［J］．体育科研，2019，40（3）．

［3］俄罗斯冬奥再传噩耗！两枚索契冬奥金牌被取消［EB/OL］．（2017-11-25）［2021-11-10］．https：//www.163.com/sports/article/D43LKHC400058782.html．

［4］李钊，李庆．雪车、雪橇项目特征分析［J］．体育科学，2019，39（3）．

［5］第十四届全国冬季运动会新增大项：雪橇、雪车项目简介［J］．冰雪运动，2019（6）：2．

［6］樊瑀，王晓岚．中国火柴老贴画．20世纪80年代［M］．石家庄：河北美术出版社，2011．

［7］Around the World：Where Do We Slide？［EB/OL］．［2021-10-30］．https：//www.ibsf.org/en/tracks．

［8］徐大鹏，张旭东．冰上之舟：雪车［M］．石家庄：人民体育出版社，2021．

［9］叶鸣．冬季奥运会体育欣赏［M］．上海：立信会计

出版社,2018.

[10] 徐文东,朱志强.中国冬季运动史[M].北京：人民体育出版社,2006.

[11] 傅潇雯.体育总局赛事改革首创 全国雪车锦标赛幕启加拿大[N].中国体育报,2017-10-24.

[12] 傅潇雯.第二届全国雪车锦标赛在加拿大卡尔加里举行[N].中国体育报,2018-10-15.

[13] 郝姝媛,张莹,王春晓."一带一路"背景下的钢架雪车项目文化交流研究[J].冰雪运动,2020,42(2).

[14] 张荣锋.中国雪车再创历史 圣莫里茨世界杯李纯键组合四人车排名第七[EB/OL].(2020-02-03)[2021-10-21].http://sports.xinhuanet.com/c/2020-02/03/c_1125525055.htm.

[15] 孙民康,龚丽景.冬季项目跨项选材的理论研究与实践探索[J].体育科学,2019,39(11).

[16] 巨雷,于滢,孙智博,等.我国雪车项目运动损伤特点及防治[J].哈尔滨体育学院学报,2018(2).

[17] 梁志强,岑炫震,林程辉,等.国际雪车训-科-医综合监控研究动向[J].中国体育科技,2021,57(9).

[18] 欧米伽：与奥运并肩而行[J].钟表,2017(2).

[19] 冬奥上海第一人邵奕俊：从铅球转项而来的中国雪车队队长［EB/OL］．（2021-11-23）[2021-12-01]. https://xw.qq.com/cmsid/20211123A03MHE00?f=newdc.

[20] 从跨栏到雪车：中国雪车队队员应清［EB/OL］．（2017-11-20）[2021-09-30]. https://tv.cctv.com/2017/11/20/VIDEC0KBogt0qAHy1HVt8RwY171120.shtml.

[21] 北京冬奥组委．北京2022年冬奥会竞赛日程 第十一版［Z］．2021.

第二编
钢架雪车
SKELETON

钢架雪车是一项综合考验运动员的速度、技巧、勇气、判断力的项目。钢架雪车也称"无舵雪车""卧式雪橇""俯式冰橇""冰橇",是以雪橇为工具,借助起滑后的惯性在雪橇上以俯卧姿态从山坡沿专门构筑的冰道快速滑降的一种冬季运动。[1]

一、钢架雪车运动发展的历史

钢架雪车运动起源于19世纪末的瑞士小镇圣莫里茨,是在一种名叫"克雷斯塔"(Cresta)的游戏中衍生出来的。19世纪,阿尔卑斯山区的居民已普遍使用平底长雪橇作为运输工具。19世纪80年代,在圣莫里茨度假的英国士兵发明了一种坐在平底长雪橇上溜滑竞速的游戏,风靡一时。最初,这群英国人在镇里的马路及山间的小路上进行比赛,1882年,他们和当地一些居民建造了一条从瑞士达沃斯到克洛斯特斯的平底雪橇直线滑道。[2] 1884年,他们发明了"克雷斯塔"这项比赛,比赛要求参赛者采用头冲前、俯卧在雪橇上的姿势进行滑行,最快到达终点的参赛者获胜,这也是现代钢架雪车最核心的规则。[3] 第一次钢架雪车比赛在从瑞士圣莫里茨到塞勒里那结冰的道路上举行,获胜者得到1瓶香槟作为奖励。[2]

第一个比赛用的俯式冰橇是在1887年由瑞士圣莫里

第二编 钢架雪车

茨地区的机械专家马蒂斯设计制造的。它由两根滑铁和一个木结构以及用铅块加重的橇架组成，滑铁固定在橇架的底部。[2]

1892年，一位英国人设计了主要由金属制成的平底雪橇（Toboggan），由于其外形酷似人体的骨架，后来又改名为钢架雪车（Skeleton）。1905年在奥地利施蒂里亚，钢架雪车首次亮相正式比赛。[2]

1923年11月23日，国际有舵雪橇与平底雪橇联合会（FIBT）在法国巴黎正式成立。[4]有舵雪橇后统称为"雪车"，平底雪橇后改名为"钢架雪车"，两个项目同属于雪车类，因此后来国际有舵雪橇和平底雪橇联合会改名为国际雪车联合会（IBSF）。

1928年，第二届冬奥会在瑞士圣莫里茨举行。作为钢架雪车的故乡，东道主瑞士决定将该项目纳入该届冬奥会，并获得了国际奥委会的批准。这是钢架雪车首次登上冬奥会舞台，且当时只有男子参加比赛，美国队的詹尼森·希顿（Jennison Heaton）摘得桂冠。

由于危险性较高，钢架雪车在1932年和1936年的两届冬奥会都被排除在外。直到20年之后的1948年，冬奥会第二次在瑞士圣莫里茨举行，钢架雪车才再次被纳入冬奥会比赛项目，同样只有男子参加比赛。此后又缺席冬奥会达半个世纪之久。

20世纪50年代开始，随着无舵雪橇的兴起，人们对钢架雪车的兴趣逐渐减退。

1982年，为促进钢架雪车的发展，国际有舵雪橇和平底雪橇联合会决定从这一年起每年举办一届世界钢架雪车锦标赛。

2002年盐湖城冬奥会，钢架雪车项目重返冬奥大家庭，设男子和女子两个项目。美国运动员特里斯坦·盖尔（Tristan Gale）成为冬奥会历史上首枚女子钢架雪车金牌的拥有者。[2]

2004年，在德国国王湖赛道上同时举行钢架雪车和雪车的世界锦标赛，从此结束两个项目的世界锦标赛分开举办的历史。

二、钢架雪车是钢做的吗？

钢架雪车最初是以金属制作的，现在多为玻璃纤维和金属合成品。比赛中，运动员必须使用自己的同一辆钢架雪车来完成所有轮次的滑行，除非在比赛中钢架雪车损毁，才可以使用备用的钢架雪车比赛，但必须报主办方批准后方可使用。

钢架雪车长度80～120厘米，宽度34～38厘米，高度8～20厘米。[5]钢架雪车没有转向器和制动装置，底部由铅块加重的骨架和两根固定的管状钢刃组成,车体上装有把手,供运动员出发时推动钢架雪车使用,也利于运动员将身体稳定于车体内,车体前后装有缓冲器。比赛规则对车身重量和运动员体重都有要求,如果超重需要减重。出发时,运动员将钢架雪车的一侧钢刃放置于冰槽沟内。

三、怎样确保运动员高速滑行时的安全?

首先要从车子的结构看,尽可能低重心滑行。钢架雪车车长 80~120 厘米,车宽 34~38 厘米,选手俯卧在钢架雪车上时,头部需要距离冰面 5 厘米。在每一比赛轮次结束后,裁判员都会对钢架雪车的重量进行检查。从 2019 年 7 月 1 日起,男子比赛使用的钢架雪车,重量不得超过 45 公斤,钢架雪车和选手加起来重量不得超过 120 公斤。女子比赛使用的钢架雪车,重量不得超过 38 公斤,钢架雪车和选手加起来重量不得超过 102 公斤。[6]

如果钢架雪车和选手的总重量不足上述比赛规定,可以在钢架雪车上增加重物,但不得在选手身上放置重物。赛会期间,裁判员会随时对运动员及钢架雪车进行称重,但称重必须在滑行前 45 分钟内完成。如果第一次称重不合格,该队可以有 5 分钟时间在裁判员的监督下清理雪车上的积雪和冰屑,然后再进行一次称重。

这样的要求不是考验运动员的身材,而是从安全角度减少运动员的风险。此外,出于安全性考虑,钢架雪车前后都装有缓冲器,两侧都加有把手,运动员需要穿着拉伸性强的服装,尽可能减少空气阻力,同时佩戴手套和头盔,尽可能减少滑行中的潜在危险。[7]

虽然钢架雪车项目观赏性极高,但危险性也特别高,所以无法成为大众运动,不能得到普及。如果没有受过专业的训练,可不要轻易尝试。

四、钢架雪车如何测量温度?

测量温度在钢架雪车比赛中比较重要。比赛当天裁判要随时测量赛场气温、赛道冰面温度、参考橇刃温度。

运动员参赛的钢架雪车橇刃测量温度最高不得超过参考橇刃测量温度4 ℃。例如,参考橇刃测量温度为-14 ℃,则参赛雪车橇刃温度不能高于-10 ℃。如果参赛雪车橇刃第一次测量温度超过参考橇刃温度4 ℃,裁判则立刻对参考橇刃进行测温,然后对参赛橇刃进行测温,两者比较后,如果参赛橇刃温度仍超出参考橇刃温度4℃,该队将被立即取消比赛资格。测试过程中,运动员不得用冰雪给橇刃降温。对气温、冰温和参考橇刃温度的测量结果应随时记录在公告板上。为公平起见,参赛队伍也配发同样的测温设备。

五、运动员怎样才能滑得更快?

钢架雪车运动比的是速度,影响运动员成绩的因素可以从启动阶段和滑行阶段两部分来看。影响钢架雪车滑行速度的关键因素有十余项,如图 2-1 所示。

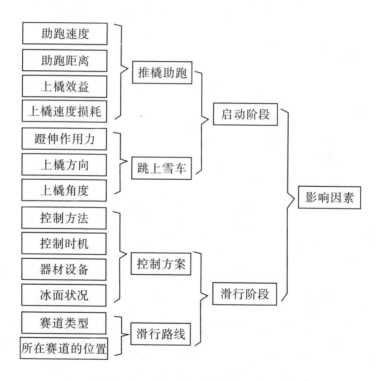

图 2-1 影响钢架雪车滑行速度的关键因素[8]

运动员欲提高钢架雪车运动的成绩，除把握上述关键因素之外，还可以从下述角度着手。

第一，控制运动员的体重。不论是钢架雪车还是雪橇，运动员的体重都会影响运动成绩。假定运动员之间的初速度、空气阻力、摩擦系数相等，那么运动员与车（橇）相加最重的组合就会滑行得最快。规则中，对人与车（橇）系统的总重量有着严格要求，体重轻的运动员就要增加配重来弥补体重的不足，然而这样会影响启动阶段的速度，进而影响滑行成绩，这种劣势是无法弥补的。因此，在速度能力相同的情况下，体重较大的运动员在这两个项目中会占据一定的优势。

世界优秀男子钢架雪车运动员的最适宜体重在 85 公斤左右，雪橇运动员在 90 公斤左右；世界优秀女子钢架雪车运动员的最适宜体重在 68 公斤左右，雪橇运动员则在 73 公斤左右。若重量不足，虽可通过配重来弥补重量，但这会加大车（橇）的自重，影响运动员的启动速度。[9]

第二，提高启动加速度。主要是提高运动员的爆发力。钢架雪车运动员需要在 30 米左右的距离完成推车启动加速；雪橇运动员则借助起点位置的把手前后推拉，预加速后将自身与雪橇抛出，然后借助佩戴专用手套的手掌扒地推动雪橇滑行。启动过程需要极快的动作速度与爆发力才能使运动员和车（橇）在进入滑行前达到尽可能快的速度。不论是钢架雪车还是雪橇的启动,都需要运动员在最短的时间内爆发式地给予器械最大初速度,使器械依靠惯性向前运动。[9]

第三,提高滑行训练能力。滑行训练是指运动员熟悉赛道、器械和提高操控能力的训练,其主要目的是提高运动员的滑行技术、本体感觉和对钢架雪车的驾控能力。钢架雪车的制胜规律是在弯道滑行中尽可能选择最佳路线,从而减少过弯时间、避免速度损失。[9]

第四,加强运动员身体训练。高速滑行时,要求运动员通过保持微抬头姿势来观察赛道情况,通过扭动肩关节、躯干来驾控方向。雪车与钢架雪车两个项目的身体训练均围绕加强颈部和身体力量、增加运动员体重、提高启动速度、增强驾控能力这几个环节展开。良好的本体感觉和驾控能力是钢架雪车、雪橇运动员滑行中控制车(橇)的关键。通过训练运动员身体核心区域的稳定性来提高运动员在不稳定支持状态下的控制能力。钢架雪车通常以 0.01 秒为计时单位,运动员的成绩非常接近,任何不合理的动作都可能导致成绩下降。

此外,运动员心理素质训练也很重要。在滑行过程中,运动员需要保持良好的姿势以降低空气阻力。

六、钢架雪车竞赛器材

1. **安全头盔**

钢架雪车需要用到的最炫酷的装备就是头盔了。头盔的颜色不受限制,所以各个参赛选手的头盔颜色和图案多种多样,常常带有国家元素,个性十足。

不过钢架雪车运动员使用的头盔与一般头盔不同,钢架雪车头盔为全罩式,由玻璃纤维制成,主要用于保护头面部,它还有一部分用来保护下巴。

2. **比赛手套**

钢架雪车运动员比赛时戴的手套与我们平时的手套也不同,前者由厚实的斜纹、拉伸性材料制成,除了可以起到保暖的作用外,还能更好地保护运动员的手部。另外,在出发的时候运动员需要紧握把手推车,所以手套的防滑性能也很重要。

3. **比赛服**

比赛服为连体服,是根据空气动力学设计的紧身套装,由橡胶制成。比赛服肘部、膝部具有特殊构造,不仅能起到保护作用,还不会影响选手在比赛时的正常发挥。

4. **雪靴**

在钢架雪车比赛中,起跑非常重要,要想跑得快,一双好的战靴必不可少,运动员脚上穿的叫作"雪靴"。前行在光滑的冰面上,雪靴上还得装配有专门的靴钉。靴钉的作用是使雪靴与冰面充分接触,防止打滑,有利于运动员身体的力量完全爆发、加力,提高其出发助跑加速度,从而在推车启动阶段获得较快的速度。

七、钢架雪车竞赛设置与出发顺序

1. 竞赛设置

钢架雪车比赛包括男子个人赛和女子个人赛。国际雪车联合会规定参赛队员必须为注册在籍的运动员,年龄须满18周岁,而未满18周岁的运动员必须获得其监护人同意才能参赛。奥运会和世锦赛的参赛席位分配由国际雪车联合会的国际排名决定。

男子项目,当参赛队员所属国家或地区在世界排名前30位中占有3席或超过3席时,则获得3个参赛席位;排名在30位以后的选手则没有机会参赛。在排名前50位中占有2席或超过2席时,则获得2个参赛席位;排名在50位以后的选手则没有机会参赛。在排名前60位中占有1席或超过1席时,则获得1个参赛席位;排名在60位以后的选手则没有机会参加比赛。没有进入前60位的国家或者地区,各拥有1个参赛席位。

女子项目，当参赛队员所属国家或地区在世界排名前25位中占有3席或超过3席时，则获得3个参赛席位；排名在25位以后的选手则没有机会参赛。在排名前35位中占有2席或超过2席时，则获得2个参赛席位；排名在35位以后的选手没有机会参赛。在排名前45位中占有1席或超过1席时，则获得1个席位；排名在45位以后的选手则没有机会参赛。没有进入前45位的国家或地区，各拥有1个参赛席位。

2. **出发顺序**

钢架雪车的比赛，依据IBSF要求可分为4轮制和2轮制比赛。如遇不可抗力因素，也可减少比赛的轮次。但原则上，冬奥会和世界锦标赛为4轮制比赛。而洲际锦标赛、世界青年锦标赛及IBSF的所有其他官方比赛为2轮制比赛。参加抽签的所有运动员必须至少完成一轮滑行成绩才算有效。

2轮制比赛的出发顺序：第1轮比赛按照抽签顺序出发，前20名可晋级第2轮；第2轮比赛根据第1轮比赛成绩排位，从第20名到第1名依次出发。

4轮制比赛的出发顺序：第1轮比赛按照抽签顺序出发；第2轮比赛根据第1轮比赛的成绩排位，然后依照从第20名到第1名、第21名到最后一名的顺序依次出发；第3轮比赛根据前2轮比赛成绩排位，然后依照从第1名到最后一名的顺序依次出发;第 4 轮比赛根据前 3 轮比赛成绩排位,前 20 名晋级,然后依照从第 20 名到第 1 名的顺序依次出发。

八、钢架雪车运动的技巧

钢架雪车是在传统雪车的基础上延伸出来的一种运动项目,要求运动员必须具备两种能力:一是获得最大初始速度的能力;二是在高速滑行状态下,灵活控制肢体维持身体或器械的能力。在滑行过程中,运动员需要用肩膀和膝盖来控制方向。滑行转弯时,人和车所承受的压力接近于自身所受重力的 4 倍,平均时速可达到 100 公里/小时。钢架雪车要在曲线、直线、马蹄形滑道上保持加速滑行,需通过 14～22 个弯道。由于是争分夺秒的比赛,因此在到达终点前不能减慢滑行速度。

准备出发时,钢架雪车运动员排列在起点等候,依照事先确定的顺序出发。出发的信号灯亮起之后,比赛即开始计时,运动员将钢架雪车一侧橇刃安放在 2 条出发槽中的任意 1 条内,在起点处从静止状态将钢架雪车推离,沿着出发槽奔跑加速,运动员必须在出发信号灯亮起后 30 秒内完成出发动作。出发时,运动员必须将雪车推向前,当加速动作完成之后,将单手推车变为双手支撑钢架雪车把手，以俯卧的姿势迅速跃上钢架雪车开始滑行并完成比赛。钢架雪车的出发动作必须全部由运动员自行完成，不得借助他人之力。

由于钢架雪车运动员只能以俯卧的姿势进行比赛，所以其腹部必须贴在雪车上。中途允许掉落雪车，但在通过终点时，选手必须俯卧在雪车上才算完成比赛。所有轮次的比赛必须由同一名运动员操作同一辆钢架雪车来完成。高速滑行中，运动员两臂必须放置在钢架雪车的把手外侧，通过控制双腿和身体的重心来完成转弯，还要尽量保持在滑道的中间区域滑行。若钢架雪车在转弯时位置过高，护坡将对钢架雪车产生强大的向心力，从而造成速度减慢；若滑行位置过低，钢架雪车的侧面保险杠则很容易与滑道护坡发生摩擦，甚至产生撞击，这也会导致钢架雪车降速。在世界大赛中，两队胜负往往取决于百分之一秒的差距。

钢架雪车最大的魅力就是其惊险性，不过安全的准备措施同样不容小觑。尤其从未接触过该项目的朋友们，切不可独自尝试该项运动，想要感受这项运动魅力的朋友们，可以到2022年北京冬奥会的现场来观看，速度、技巧、勇气、判断力齐集的项目就是钢架雪车。[5]

九、钢架雪车在我国的发展概况

中国钢架雪车运动的组织为中国雪车协会,成立于1983年11月。[3]1984年1月26日,中国雪车协会向FIBT提交了入会申请。1984年4月18日,FIBT同意接纳中国雪车协会为会员。[10]

2015年9月22—25日,国家体育总局冬季运动管理中心组织的中国钢架雪车国家队选拔活动在北京延庆举行,2022年北京冬奥会雪车、雪橇项目场地就设在延庆。此次选拔意味着我国将正式开展钢架雪车项目并成立国家队。此次选拔选出男、女共10名运动员,并同时选出约10名替补队员。

2015年10月,钢架雪车国家集训队成立,随后在11月25日前往加拿大卡尔加里集训,之后转移至德国国王湖进行训练。

2016年1月15—16日,钢架雪车国家集训队首次正式参加国际级比赛——欧洲杯系列赛国王湖站。女队员龙承凤在第一个比赛日中取得第20名,男队员耿文强在第二个比赛日获得第19名。[11]

2016年1月27—28日,欧洲杯系列赛在圣莫里茨举行,耿文强在首个比赛日取得第16名。

2017年11月10日,世界杯系列赛普莱西德湖站比赛中,耿文强在男子钢架雪车比赛中获得第7名,实现了中国选手在世界杯上参赛和完赛"零的突破"。

经过2年多的刻苦训练,耿文强通过积分赛拿到2018年平昌冬奥会的入场券,成为首位参加冬奥会钢架雪车项目的中国运动员,最终取得冬奥会第13名的成绩。

2018年11月8日,耿文强在北美杯系列赛惠斯勒站比赛中以1分46秒21的成绩夺冠,这是中国钢架雪车国家队在IBSF组织的比赛中获得的第1个冠军。[12]

2018年12月7日,闫文港以1分42秒85的成绩摘得欧洲杯系列赛国王湖站桂冠。[13]

由于延庆的国家雪车雪橇中心当时尚未竣工,2019年3月8日,钢架雪车国家集训队在挪威利勒哈默尔雪车雪橇赛道举办了2018—2019赛季全国钢架雪车锦标赛成年组的比赛,来自广东、浙江、新疆等单位和个人共计27名运动员参加了成年组的比赛,该项赛事是钢架雪车集训队举办的全国最高级别赛事。经过两天的比赛,最终陈文浩、哈衣撒尔·阿赛尔哈孜和朱自龙获得男子单人项目的前三名,黄敏、龙承凤和戚静华获得女子单人项目的前三名;陈文浩/黄敏组合、哈衣撒尔·阿赛尔哈孜/戚静华组合、殷正/龙承凤组合获得男女混合接力项目的前三名。[14]

2020年1月10日，在世界杯系列赛法国拉普拉涅站，耿文强滑出2分00秒29的成绩，与平昌冬奥会该项目冠军韩国人尹诚斌并列第三，书写了中国钢架雪车运动员在世界杯系列赛首次登上领奖台的纪录。

2020年2月28日，在德国阿尔滕伯格进行了世界雪车锦标赛男子钢架雪车后两轮的比赛，中国选手闫文港以3分47秒91获得第11名，落后冠军选手3秒10，创造了个人在世锦赛中的最佳成绩，也是中国队历史最佳成绩。中国另外两名选手耿文强和陈文浩由于前三轮未能进入前20，无缘参加最后一轮的决赛，最终耿文强排名第21，陈文浩排名第24。[15]

在中国男子钢架雪车队此前参加的重要赛事中，2017年德国国王湖世锦赛，耿文强排名第21位，未能进入决赛；2019年惠斯勒世锦赛，耿文强排名第17，闫文港排名第20。2018年平昌冬奥会，耿文强排名第13。

2021年11月12日，2021—2022赛季钢架雪车欧洲杯利勒哈默尔站拉开战幕，这是中国钢架雪车队2021—2022赛季的首场比赛，中国队派出包括2男2女共4名运动员参赛，获得2金2铜的好成绩。男子钢架雪车比赛中，中国队派出殷正和朱海峰参赛。经过激烈较量，殷正在24名运动员中脱颖而出，以两轮相加总成绩1分44秒79获得冠军，这是他个人首次获得钢架雪车欧洲杯分站赛冠军，队友朱海峰以 1 分 46 秒 01 的总成绩获得铜牌。女子钢架雪车比赛中，黎禹汐第一轮成绩为 53 秒 62，第二轮成绩为 53 秒 83，两轮都位列第一，以总成绩 1 分 47 秒 45 毫无悬念摘得金牌；队友朱杨琪以 1 分 48 秒 71 的总成绩获得铜牌。[16]

2021 年 11 月 26 日，在奥地利因斯布鲁克举行的钢架雪车世界杯男子单人比赛上，中国选手耿文强以 1 分 46 秒 04 的成绩获得冠军。这是中国钢架雪车项目首次获得世界杯冠军。耿文强首轮滑行成绩为 53 秒 10，仅比排名第一的英国选手维斯顿慢了 0.01 秒；第二轮耿文强出发成绩提升了 0.1 秒，完赛成绩为 52 秒 94，依然排名第二，德国选手格罗瑟尔以 52 秒 88 排名第一，维斯顿以 52 秒 95 排名第四。戏剧性的一幕是，两轮成绩相加，耿文强、维斯顿、格罗瑟尔三人成绩均为 1 分 46 秒 04，最终三人并列获得冠军。据悉，在该项目世界杯历史上，三名运动员以精确到百分之一秒的成绩一起夺冠尚属首次，国际雪车和钢架雪车联合会称"足以载入体育史册"。对于中国钢架雪车项目而言，这更是历史性一刻。这是耿文强获得的首个世界杯冠军，也是中国钢架雪车首个世界杯冠军，创造了中国队在世界大赛的最好成绩。[17]

从最近几年的国际大赛成绩看，中国男子钢架雪车选手正处于稳步提升中。

十、钢架雪车运动员的趣闻与故事

1. 冬奥会美国体育世家

2002年盐湖城冬奥会的开幕式上,代表运动员进行宣誓的是钢架雪车运动员吉姆·谢亚(Jim Shea),他是谢亚家族参加奥运会的第三代运动员。

他的祖父杰克·谢亚(Jack Shea)是美国家喻户晓的冬奥英雄,在1932年美国普莱西德湖冬奥会上,吉姆的祖父就曾代表运动员宣誓,并在该届比赛中夺得了500米和1500米速度滑冰的冠军。

他的父亲詹姆士·谢亚(James Shea)喜欢滑雪,曾代表美国参加了1964年因斯布鲁克冬奥会越野滑雪和北欧两项的比赛。

不幸的是,盐湖城冬奥会开幕前夕,吉姆·谢亚91岁的祖父在交通事故中罹难,没能看到自己孙子在奥运会上参赛的情况。为了纪念爷爷,吉姆将爷爷的照片装到头盔里,让逝去的爷爷一同和他感受比赛、感受夺冠瞬间。吉姆的父亲詹姆士来到了现场,并在看台上见证了儿子夺冠的情景。得知取得冠军后,吉姆·谢亚从头盔里拿出了爷爷的照片,激动地和父母紧紧地拥抱在一起。

在某种程度上,2002年盐湖城冬奥会钢架雪车项目是因为吉姆·谢亚才设立的。1999年，他在德国阿尔滕贝格举行的钢架雪车世界锦标赛中获得冠军，这激发了他夺取冬奥会金牌的梦想。在他的大力游说下，盐湖城冬奥会组委会向国际奥委会申请在2002年盐湖城冬奥会上设立钢架雪车项目。正是由于吉姆·谢亚和盐湖城冬奥组委的不懈努力，钢架雪车项目在时隔54年之后得以重返冬奥会赛场。[6]

2. 拉脱维亚的"雪车家族"

在冬奥会的赛场上，来自各个国家和地区的参赛选手中，我们经常可以看到父子、兄弟姐妹齐上阵的场景。在拉脱维亚代表团中，就有高山滑雪项目的克里斯塔普斯兄弟、雪橇项目的希茨兄弟等，而在钢架雪车项目中，杜库尔斯父子齐上阵。

父亲戴尼斯·杜库尔斯（Dainis Dukurs）曾经是拉脱维亚钢架雪车国家队的教练，在他早年的影响之下，他的两个儿子托马斯·杜库尔斯（Tomass Dukurs）和马丁斯·杜库尔斯（Martins Dukurs），很早就与这个项目结下了不解之缘。

1998年，不到15岁的马丁斯就开始了钢架雪车的训练，此时年长他2岁的哥哥也在父亲的劝说下开始了这个项目的训练。实际上在开始训练之前，兄弟俩都有自己喜欢的运动项目。

第二编 钢架雪车

钢架雪车作为欧美国家的传统优势项目，有着悠久的历史，在这个项目上，托马斯和马丁斯兄弟俩都表现出了非凡的才能。从2002年盐湖城冬奥会开始，哥哥就开始参加比赛，除2006年都灵冬奥会因伤病未参加外，从温哥华、索契再到平昌冬奥会，他无一缺席，但获得的成绩并不是特别理想。相对而言，弟弟显得更有天分。

在2009—2010赛季世界杯系列赛，弟弟马丁斯共收获4金1银2铜，获得年度总冠军。在2010年温哥华冬奥会，他又一举夺得钢架雪车男子比赛的银牌。至此，他在钢架雪车的统治时代开始了。在之后连续8个赛季的世界杯系列赛中，马丁斯都获得了年度总冠军，甚至在其中的一个赛季获得了9站比赛中的8站冠军，成绩让人惊叹。在2010—2018年的欧锦赛上，马丁斯创造了该项目的9连冠奇迹，成为当之无愧的钢架雪车世界第一人。在世锦赛上，他亦表现优异，在2011年和2012年均获得冠军，而且在2015年、2016年和2017年获得三连冠，成为世界上第一位取得世锦赛三连冠的钢架雪车选手。另外，他还5次被评为拉脱维亚年度最佳运动员，并获得了该国的最高荣誉"三星勋章"的第五级。

虽然马丁斯在很多世界级大赛中拿到冠军，但在冬奥会上却仅在2010年温哥华冬奥会和2014年索契冬奥会两度屈居亚军。

3. 中国钢架雪车的先行者——耿文强

1995年出生的耿文强是土生土长的内蒙古人。2006年，他开始练习跳远；2015年，他在男子甲组超级组决赛中，以7.39米的优异成绩打破了内蒙古自治区大运会跳远纪录，荣获冠军。同年，他正式加入国家钢架雪车队。

从跳远项目转向钢架雪车项目训练，中间付出的努力不容置疑。在最初训练中，他需要克服的困难很多。在世界上最快的赛道——加拿大惠斯勒赛道，耿文强曾经历过胆战心惊的时刻：当速度达到146公里/小时，在最后一个弯道压力过大，他没有办法抬头，看不到前方，头皮发麻，无法预判前方状况，一片茫然，他无法克服心理障碍。

经过几年的刻苦锻炼，耿文强的技术、心理能力等得到了很大提升。在2018年平昌冬奥会上，他获得第13名，实现了人生的第一个目标。[18]

2021年11月26日，钢架雪车世界杯奥地利因斯布鲁克站男子单人比赛中，耿文强以1分46秒04的成绩与英国选手维斯顿、德国选手格罗瑟尔并列获得冠军。这是中国钢架雪车男子项目首个世界杯冠军，耿文强完成中国冰雪运动又一个历史性突破。[17]

北京冬奥会备赛期间，耿文强的成绩稳步上升。此次首夺世界杯冠军，耿文强取得赛季开门红。这也让我们对他在2022年北京冬奥会上的表现有了更多期待。

4. 中国第一位钢架雪车女选手——林回央

林回央1998出生于浙江宁波。在高塘小学读书时，林回央是校女篮的主力队员。她个子高、成绩好，热爱体育，吃苦耐劳，运动潜能喷薄而出。北仑区少体校教练包老师慧眼识英才，让她的运动才能得到进一步施展。她小学毕业后，进了体校，后来入选浙江省田径队进行训练，主要是练习短跑。

北京申办2022年冬奥会成功后，国家实行"北冰南展西扩"战略，中国冰雪国家队伍的组建很快就被提上议事日程。2015年10月，当时17岁的林回央在选拔测试中以排名第一的成绩，顺利入选中国钢架雪车队。

钢架雪车对于林回央是那么陌生，"从小生活在宁波，连雪都没怎么见过，外国也是很遥远的地方"，然而林回央拥有绝佳的身体条件，使得熟悉入门的训练比较顺利。"虽然以前对冰雪项目了解不多，第一次滑雪车，那一分钟，好像很漫长，但似乎也没有想象中的可怕。缓过神后，我觉得当时想说的一个字，就是'爽'！"没想到经过一个多月训练后，她就直接上赛道开始参加比赛了。

从第四级别的欧洲杯系列赛赛事开始，德国、瑞士、奥地利，她通过转战各地多次参加比赛来提高比赛能力。

"滑得多，水平提高得快，这就是以赛代练的好处吧！我的最好成绩是 2016 年 3 月份，曾夺过一站比赛的第 12 名。"林回央介绍说："我和钢架雪车的关系，第一年像是一个乘客，被带着走；但第二年角色就发生了转换，就像是司机了，我已经可以带着车走了。"2020 年 2 月 3 日，中国钢架雪车队飞赴加拿大卡尔加里，进行为期一个月的训练和比赛，中国钢架雪车队 9 男 7 女，共 16 名选手参加比赛，而这次比赛同时还被冠名为首届全国钢架雪车锦标赛，开创了国内赛事在境外举办的先河。尽管林回央在全国锦标赛中只取得了第 5 名的成绩，但相信未来她会在钢架雪车的道路上越走越远。[19]

十一、钢架雪车运动观赛礼仪

根据比赛时间，预留好充裕时间办理入场手续。禁止携带对公共安全有任何危险的物品入场观赛。观赛期间，按照划定区域入座，不要随意走动，不要大声喧哗，不乱扔垃圾，不践踏座椅，听从现场工作人员指挥，做到文明观赛。严禁向赛道内投掷任何物品，手机要关闭或调至振动状态。如有事，可以在比赛告一段落时，走出现场接打电话。拍照禁止使用闪光灯。[6]

十二、北京冬奥会钢架雪车观赛指南

国家雪车雪橇中心是北京冬奥会雪车、钢架雪车、雪橇项目的比赛场地。场馆共有 16 个角度、坡度不同的弯道。

2022 年北京冬奥会钢架雪车比赛将产生 2 枚金牌,包括男子单人、女子单人各 1 枚金牌。

北京冬奥会钢架雪车比赛的赛程见表 2-1。

表 2-1　北京冬奥会钢架雪车比赛的赛程[20]

日期	比赛开始时间	项目	比赛场地	地址
2022-02-10	09:30	男子单人第一轮/第二轮	国家雪车雪橇中心	北京延庆区西大庄科村
2022-02-11	09:30	女子单人第一轮/第二轮		
2022-02-11	20:20	男子单人第三轮/第四轮		
2022-02-12	20:20	女子单人第三轮/第四轮		

参考文献

[1] 叶鸣.冬季奥运会体育欣赏［M］.上海：立信会计出版社,2018.

[2] 袁晓毅.冬奥项目知识：钢架雪车［J］.青少年人文教育,2019（69）.

[3] 曾梦姝.钢架雪车项目概述［J］.运动,2018（1）.

[4] 马凌.奥运知识手册［M］.北京：教育科学出版社,1993.

[5] 2014年索契冬奥会项目介绍：俯式冰橇［EB/OL］.（2013-12-19）［2021-10-21］.http：//sports.cntv.cn/2013/12/19/ARTI1387421547754609.shtml.

[6] 任江涛,徐大鹏.冰中鱼雷：钢架雪车［M］.北京：新世界出版社,2021.

[7] 郝姝媛,张莹,王春晓."一带一路"背景下的钢架雪车项目文化交流研究［J］.冰雪运动,2020,42（2）：91-96.

[8] 郝磊,王润极,杨康,等.钢架雪车运动员运动表现的影响因素及训练策略［J］.首都体育学院学报,2020,32（4）.

[9] 袁晓毅,徐欢腾,韩淼宇,等.钢架雪车、雪橇训练的共轭与序列［J］.冰雪运动,2019（2）.

[10] 徐文东,朱志强.中国冬季运动史［M］.北京：人

民体育出版社, 2006.

[11] 中国钢架雪车队欧洲杯获佳绩 队伍去年10月初成立 [N]. 中国体育报, 2020-12-22.

[12] 郑直. 钢架雪车北美杯首站耿文强夺得中国雪上项目赛季首金 [EB/OL]. (2018-11-08) [2021-10-30]. https://baijiahao.baidu.com/s?id=16165708806667190 78&wfr=spider&for=pc.

[13] 突破! 中国钢架雪车运动员首登世界杯领奖台 [EB/OL]. (2020-12-22) [2021-10-21]. http://sports.xinhuanet.com/c/2020-01/11/c_1125448468.htm.

[14] 全国钢架雪车锦标赛挪威举行 [N]. 中国体育报, 2020-12-22.

[15] 雪车世锦赛闫文港钢架雪车排名第11创中国最佳战绩 [EB/OL]. (2020-03-01) [2021-10-21]. https://www.beijing2022.cn/a/20200301/021193.htm.

[16] 钢架雪车欧洲杯挪威站: 中国队摘2金2铜 [EB/OL]. (2021-11-14) [2021-11-17]. https://www.163.com/dy/article/GOQ74LUR055254VG.html.

[17] 中国钢架雪车项目首获世界杯冠军 [EB/OL]. (2021-11-27) [2021-11-27]. https://www.chinanews.com.cn/ty/2021/11-27/9617307.shtml.

[18] 冬奥会上一个人的"趴体", 中国有了第一滑! [N]. 钱江晚报, 2018-02-16.

[19] 方海.第一支中国钢架雪车队7名女运动员,就有两个浙江人[N].浙江日报,2018-02-01.

[20] 北京冬奥组委.北京2022年冬奥会竞赛日程 第十一版[Z].2021.

第三编
雪橇
LUGE

雪橇是一种雪地运动器材。目前特指"无舵雪橇",最初为木制,后来出现用金属制作的雪橇。

雪橇比赛中,运动员坐在雪橇上准备出发,双手借助出发把手,使雪橇向前运动,并在行驶过程中平躺,用脚引导雪橇沿冰面滑道向下滑行,从而完成整个比赛。

一、雪橇的发展历史

雪橇运动从18世纪起,流传于北欧各国。欧洲的现代雪橇运动起源于瑞士。雪橇在不同国家都有一定发展,中国东北人使用马、牛或狗拉雪橇。[1]哈萨克斯坦人坐鹿雪橇。[2]古埃及的工匠会用到类似于雪橇的东西,运送巨大的石块。北极地区的土著民族因纽特人一般养狗,用来拉雪橇。

雪橇(无舵雪橇)诞生的时间比雪车(有舵雪橇)早得多,在8世纪初,挪威就有类似雪橇的运输工具存在。而历史上首次正式的国际雪橇比赛是1883年在瑞士举行的,当时来自欧洲与澳大利亚的运动员要利用雪橇滑行4公里,最终的胜利者是一对澳大利亚组合。

1884年,英国举行首次雪橇公开赛。

1913年,奥地利、德国和瑞士创建了"国际雪橇联合会"(International Sled Sports Federation)。1935年,国

际雪橇联合会被并入了 1923 年创立的国际有舵雪橇和平底雪橇联合会,从而结束了其作为(无舵)雪橇运动管理机构的历史。直至 1957 年无舵雪橇运动才再次自立门户,成立了国际无舵雪橇联合会(International Luge Federation,FIL,一般称为"国际雪橇联合会")。[3]

随着雪橇运动的发展,1955 年第一届世界雪橇锦标赛在挪威奥斯陆举行。直到 1964 年,雪橇在奥地利因斯布鲁克冬奥会上被正式列为冬奥会竞赛项目。在整个冬奥会的雪橇项目中,德国(包括 1990 年两德统一以前的联邦德国和民主德国)是该项目的大赢家,合计夺得雪橇项目 70% 的金牌和 57% 的奖牌。

比赛用的雪橇是由玻璃纤维、木料或者金属制成的,质地坚硬,种类繁多,它的前部没有舵板,在后部也没有制动闸,只于底部有一对平行的金属滑板,宽 34～38 厘米、高 8～20 厘米、长 70～140 厘米。而雪橇由于没有方向盘,比雪车(有舵雪橇)更难操控。

二、雪橇运动在我国的发展概况

早些时候,东北地区交通很不发达,尤其是在寒冷的冬天,特别是大雪过后出行更不方便,马拉雪橇就是重要的交通工具。在东北的林场中,人们冬天常用马拉雪橇作为运输工具运木材。因此，雪橇最初在中国主要是作为一种交通工具使用，后来才作为一种娱乐活动慢慢流行开来。[4]

　　雪橇作为体育运动在中国的起步较晚。2015年，中国申办2022年冬奥会成功，才真正开始开展这项运动。雪橇并非只需要驶下山坡，比赛的时间是以百分之一秒来计算，运动员要通过细微的身体调整来控制滑行方向，其中使用的技术是经过十年或更长时间才得以完善的。

　　我国开展雪橇竞技运动面临着三个主要的制约因素：一是运动技术和训练水平不足，二是缺乏比赛的场地和训练器材，三是缺少雪橇运动员。

　　为准备2022年的北京冬奥会，中国国家雪橇队于2015年9月正式成立，同时聘请了来自欧洲的教练来担任中国国家雪橇队的教练。列支敦士登人沃尔夫冈·舍德勒（Wolfgang Schädler）曾在美国无舵雪橇队执教24年，在俄罗斯队执教5年。2015年年初，舍德勒访问北京并确认执教中国队。他说："我花几分钟时间就做出了决定。这是一个令人着迷的国家，也是一个重大的机会。"舍德勒招募了美国人托尼·本肖夫（Tony Benshoof）担任教练。

　　由于此前中国并没有从事雪橇项目的运动员，舍德勒就运动员的选拔提出条件：他们应该强壮，但肌肉不能过分发达；他们要高大，但不能瘦长而笨拙；应该从要求爆发力的项目中选人，这些项目包括田径、舞蹈、游泳和体操。由于时间不足，运动员还不能太年轻（而在德国，一些后备人选是从 6 岁就开始训练的）。[5]

为了尽可能在短时间内缩小与欧美国家之间的差距，国家体育总局进行了跨项跨界选拔运动员。中国国家雪橇队分为比赛组和训练组，其中比赛组包括 6 男 5 女，代表国内最高水平。

国家雪橇队成立之初，国内并没有相应的训练器材与赛道，器材只能靠租借，训练也只能移师其他国家。而对于争取奖牌，可能需要再经过一代人或两代人的磨砺。虽然中国雪橇队相当年轻，但他们在 2022 年北京冬奥会的表现还是相当令人期待的。

开展雪车、雪橇项目，实际上也是解决我国过去"冰强雪弱"问题的有效方式。我国过去对冰上项目的开展比较重视，总体来说普及得比较好，项目开展得比较全，在国际上取得的成绩也比较好。但是我们的雪上项目弱就弱在项目开展不全面，有些项目水平不是很高，在国际上的影响力也不是很大，有些项目还是刚刚开展，还没有普及开来。因此，成立雪车、雪橇两个项目国家队，对于我国冬季项目的协调、平衡发展有很重要的意义。

2017 年，第一届全国雪橇锦标赛在挪威利勒哈默尔雪橇赛道圆满举办，开创了国内体育界首次在海外举办全国锦标赛的先例。竞赛项目包括男子单人、女子单人。参赛运动员共 13 名，分别代表北京市、河北省、广东省、陕西省、呼伦贝尔市、哈尔滨体育学院、新疆体育职业技术学院。[6]

全国雪橇冠军赛，由国家体育总局冬季运动管理中心主办。2019 年 3 月 19 日，第二届全国雪橇冠军赛在俄罗斯索契山崎奥林匹克滑行中心举行，共有来自内蒙古、北京、新疆、陕西等地的 21 名运动员参赛，比赛设置了男子单人、女子单人、男子双人、接力 4 个小项。[7]

2020—2021 赛季全国雪橇冠军赛于 2021 年 2 月 23 日在北京延庆国家雪车雪橇中心举行。[8]

三、有哪些雪橇娱乐活动？

1. 狗拉雪橇

在国外的雪场，狗拉雪橇算是一种贵族娱乐方式。拉雪橇的一般都是纯种西伯利亚哈士奇、阿拉斯加雪橇犬或萨摩耶雪橇犬。

玩狗拉雪橇时，双人共用一部雪橇，一人坐在铺了鹿皮的椅子上，另一人站在雪橇后方的滑行板上。玩之前先把雪橇拴在树上，一旦松掉绳子狗儿便开始向前狂奔。狗不易被操纵，因此要保持雪橇的稳定或用钩子插入雪地以停止雪橇，一旦钩子缩回，狗会继续前进。

通常要用到好几只雪橇犬来拉雪橇，其中走在最前面的雪橇犬俗称"领头狗"，通常是最强健的，它的工作除了要使出最大力气拖拉雪橇，还要懂得激励其他雪橇犬。

狗拉雪橇的队形有多种，通常是4排的2-2-2-2或者1-2-2-2队形，也有6排的1-2-1-2-1-2队形，以及2排的1-7或2-6队形。

2. 各国的雪橇活动

芬兰在冬季有很多以狗拉雪橇为主题的旅游活动，如在霍萨地区公园玩狗拉雪橇就是一种别样的享受。这里地形多样、天寒地冻，充满了惊险和刺激。有人描述说：真实情况比大家想象的还要美妙，在这里你不仅能领略滑雪的乐趣，还能体验驾乘雪橇的快感。

滑雪橇是俄罗斯各地节日里必不可少的共同娱乐活动，大人们带着孩子登上雪山，从冰坡高处往下滑，从早到晚，不知疲惫。以前雪橇由不同颜色的木板做成，通常滑板也是木头的。现在人们所用的雪橇滑板是铝制的，或者塑料制的（如果雪橇本身是塑料制成的话）。也有在平地用的雪橇，它们都有靠背，没有靠背的雪橇是用来从高坡向下滑的。活动期间，小伙子常常要彬彬有礼地说上一句"请滑雪橇"，才能邀请姑娘们坐上自己的雪橇。出于礼节，小伙子们跟一个姑娘滑雪橇不能超过三四圈，之后可以邀请另一位姑娘。姑娘把自己的小披巾拴在小伙子的车辕上以示感谢。剽悍的小伙子们为了在姑娘们面前显示自己的勇敢，驾着马拉的雪橇，站着来指挥飞奔的马，跳上正在飞奔的雪橇，拉着手风琴，吹着口哨，不停地叫喊着。[9]

　　加拿大的冬天给人以寒冷的印象，整片大地千里冰封、万里雪飘、银装素裹的。在汽车时代到来之前，加拿大冬季的陆地交通基本是使用马拉雪橇。在村镇之间、城市之间，马拉雪橇是冬季的主要交通工具。至于那些使用蓝眼睛哈士奇或者是爱斯基摩犬拉的雪橇，更多见于加拿大的极地地带，当地原住民因纽特人用于交通捕猎，穿林海，跨雪原。而那些哈士奇或爱斯基摩犬可以忍耐零下30℃左右的严寒并忍受只有少量的食物充饥，有时一天可以穿越100多公里的茫茫雪原。现在狗拉雪橇和马拉雪橇，都是加拿大最具吸引力的冬季娱乐项目，很多欧洲人、美国人、日本人和韩国人在冬季也会来到加拿大体验这项古老而独特的运动。

四、为什么雪橇会被单独设为一项？

　　雪橇拥有悠久的历史，开始主要是作为一种运输工具。不同国家出现了马拉雪橇、狗拉雪橇、鹿拉雪橇等多种形式的雪橇，运输雪橇为竞技雪橇运动的开展打下了基础。

竞技雪橇与竞技雪车及竞技钢架雪车运动比较相似，但还是有很大的区别。第一是车体不同，雪车就像一部敞篷汽车，不仅有底盘，还有方向盘和制动系统；而钢架雪车和雪橇看起来好像只有底盘。第二是运动员滑行姿势完全不同，雪橇是仰卧（脚在前、头在后），雪车是坐着，钢架雪车是俯卧（头在前、脚在后）。第三是竞技项目设置不同，雪橇比赛项目有男子单人雪橇、女子单人雪橇、双人雪橇和团体接力雪橇；雪车有四人雪车、男子双人雪车、女子双人雪车及女子单人雪车，其中女子单人雪车项目是 2022 年北京冬奥会新增的小项；而钢架雪车仅有男子单人和女子单人两个项目。

五、雪橇竞赛场地

目前世界上有两种类型的雪橇赛道，分别是天然赛道和人工赛道。天然赛道由冰雪堆积而成，如果有足够的雪量，可以很快铺设出一条天然的雪橇赛道。赛道的坡度不超过 1.5%（大约 1 度），在运动员出发滑行 250 米左右的距离后，雪橇滑行速度高达 80 公里/小时。人工赛道主要由冰面构成，地形更加陡峭，弯道高度倾斜，平均坡度为 8%～11%（大约 5～6 度），滑行速度可达 140 公里/小时甚至更快。

  冬奥会所使用的赛道一般为人工赛道，这种赛道结构复杂，是以混凝土或木材为基础砌成的 U 形赛道，又称为"滑道"，通常采用人工浇冰的方法铺设而成。赛道两边的护墙的高度为 50 厘米，赛道的宽度为 130～150 厘米，其内侧全部需要浇水，以保证整条赛道光滑安全。赛道由 11～18 个弯道构成，道宽最大 1.5 米。赛道整体布局包括直道、左右弯道、急转弯、上下坡以及至少一条类似"迷宫"的 S 形曲线弯道（包括 3 条或 4 条连续的弯道且中间没有直道）。

  男子项目的比赛线路长度为 1000～1350 米，女子项目的比赛线路长度为 800～1200 米；赛道的坡度需要专门设计，平均坡度不区分男子与女子项目，均为 4～10 度；起点与终点的高度差为 70～130 米。

  雪橇的团体接力比赛，终点线上方设有触摸板，其作用就相当于接力赛跑中的接力棒，赛道和触摸板之间的距离为 98～102 厘米。

  在冬奥会比赛中，雪车、钢架雪车和雪橇使用同一个比赛场地，雪车和钢架雪车使用同一个出发点，而雪橇根据项目的不同，使用不同的出发点。世界上所有的比赛场地设计得都不一样，而且比赛很容易受到天气影响，所以，在雪车、钢架雪车和雪橇比赛中，没有普遍认可的世界纪录或奥运会纪录，只有场地纪录和起跑纪录。

六、雪橇运动员要具备哪些条件？

雪橇运动员以坐姿进入预备状态，双手握住安装在出发点左右两侧的出发把手，蓄势待发。当绿色信号灯亮起，运动员通过前后摆动，加力出发，加速再加速，找到最佳速度，平躺于橇体，通过腿部或身体的力量作用于橇体不同位置来控制方向，高速滑向胜利的终点。雪橇比赛对运动员的身体条件要求很高——身强体壮、反应敏捷，还要具备很好的爆发力、判断力等各方面的综合能力。同雪车及钢架雪车运动员一样，雪橇运动项目同样要求运动员必须具备两种竞技能力：一是获得最大初始速度的能力；二是在高速滑行中，精准控制肢体并维持身体和器械平衡的能力。[10]

七、操控雪橇的难点有哪些？

运动员娴熟操控雪橇需要具备良好的身体素质和心理素质。因此在训练时，雪橇运动员需要掌握的技能较多，需要进行多方面的训练，如运动知觉能力训练、空间定向能力训练、速度知觉能力训练、抗过负荷能力训练、表象训练、情绪调控能力训练、运动员自信心的培养的训练等。

 八、雪橇比赛装备

1. 雪橇

比赛用的雪橇是由玻璃纤维、木料或金属制成的,质地坚硬,种类繁多,雪橇橇体由2个橇刃、2个支撑架、2个前翘、卧舱和2个手柄组成。橇刃是唯一与冰面接触的部分,由金属制成,并且十分锋利,以此来增加滑行速度。2个支撑架与滑行装置相连,由钢材制成,坚硬耐磨,起支撑卧舱的作用。2个支撑架内缘的距离不得超过16英寸(大约40.64厘米)。前翘是雪橇的主要转向装置,弯曲部分由玻璃纤维制成,有一定的弹性,方便转弯和操控。选手用脚向一个滑行装置弯弓处施加压力,以便控制雪橇运动的方向。卧舱是选手比赛时乘坐的地方,一般由玻璃纤维制成,选手要平躺在卧舱上方从而完成整个比赛。手柄分布在卧舱两侧,除了用来固定身体,在遇到较大角度转弯时,还可以用来辅助前翘控制方向。

大型比赛中所用的雪橇都是根据选手的身高、体重和比例量身定做的。为减少雪橇和赛道之间的摩擦力,在比

赛前，各支参赛队伍的后勤人员都会对雪橇橇刃和钢体部分进行打磨，并根据气温、冰温和运动员技术水平调整出合适角度。

2. 比赛服

雪橇运动员所穿的比赛服是连身服，是由拉伸性橡胶材料制作而成，表面光滑且贴身，比赛中可减少空气带来的阻力。

3. 比赛脚套

雪橇运动员比赛时所穿的脚套上有特殊拉链，它会把运动员的脚拉伸至笔直的状态，从而使空气阻力降到最低。在比赛中，脚套中诸如断线之类的瑕疵都会影响到雪橇运动员的发挥，所以对脚套的制作要求也很严格。

4. 比赛手套

手套材质细腻柔软，在指尖部和指关节处镶满了 4 毫米长的尖锐钉子，因此这种手套也被戏称为"夺命手套"。手指处的钉子可供选手在启动时以划桨动作拍打冰面以增加动力。

5. 比赛头盔

头盔由合成材料或者玻璃纤维制成，重量很轻，装有一个圆形的透明面罩，向下扩张到运动员的下巴，除了起到保护其整个头部的作用外，还可以减小空气阻力。在目前的国际大赛中，运动员只能使用国际无舵雪橇联合会认证的头盔，不可以使用其他头盔。

九、雪橇运动员的体重规定

在滑冰类项目中，运动员需要保持相对较轻的体重，否则会在比赛中产生一些不必要的负担；而在雪橇比赛中，整体重量越大，就意味着滑行速度越快。因此，雪橇比赛时允许运动员通过配重来增加重量——他们会穿一件配重服，在配重服里放入铅块，以此来提升自己的重量，但如果配重超出规定的范围，则会被取消比赛资格。

冬奥会雪橇比赛对参赛运动员的体重及所用装备的重量都有严格的规定：男运动员体重须至少为 90 公斤，女运动员须至少为 75 公斤，若体重不足，可通过配重来弥补；单人雪橇的重量为 21～25 公斤，双人雪橇的重量为 25～30 公斤，连身服的重量不能超过 4 公斤。重量和速度有很大的关系，因此对重量的规定可以保证比赛更加公平公正。

十、雪橇运动的动作与技术

雪橇的每次滑行共分为出发、蹬车、滑行和刹车 4 个阶段，每个阶段都非常重要，如果发挥不好，将会影响到比赛的最终成绩。

1. 出发阶段

出发阶段是雪橇比赛中最重要的阶段，运动员的爆发力和体能之间的差异可以影响整个比赛的局势。运动员在出发前需要将两腿伸直，两脚置于雪橇前翘两侧，脚尖向内夹住前翘，以此来保持身体平衡和控制雪橇运动的方向。在出发指令响起和绿色信号灯亮起后，运动员开始准备出发，在几十秒内（单人比赛为30秒，双人比赛为45秒），运动员首先需要紧紧抓住起点两侧的出发把手，将身体弯曲，尽量向后靠，带动雪橇前、后摆动进行蓄力，然后放开出发把手通过助栏滑出。

2. 蹬车阶段

运动员通过助栏后，将进入蹬车阶段。运动员利用出发动作将自己推到赛道上，两臂用力向后推撑，接着立刻用戴有钉套的双手拍打冰面以加力将雪橇滑离赛道。在这个阶段中，运动员需要在维持平衡的前提下尽力加速，以便在进入下一阶段前获得较高的滑行速度。在这个阶段，身体与动作的平衡是很重要的，身体与动作的不平衡会导致运动员每次的滑行轨迹都出现较大的差异。

3. 滑行阶段

这个阶段是比赛用时最长的一个阶段。当雪橇靠近下坡时，运动员需要迅速仰卧在雪橇上，双手握住雪橇两侧的手柄进行平衡。在滑行过程中,运动员需要将头微微抬起以确定前进的方向,之后通过身体重心的转移及腿部对前翘的控制,操纵雪橇沿赛道快速滑行。

在这个阶段,重力是影响速度的关键因素,运动员的体重越大,产生的速度就越快。而身体姿态也要尽量保持稳定,任何晃动都会使运动员的滑行速度减慢,因此运动员应尽可能平衡地控制雪橇,减少身体转动,防止雪橇在滑行过程中失去平衡。在抬头观察前方赛道的同时,头也要尽量放低,否则会增加空气阻力,从而延长比赛时间。在双人雪橇比赛中,身材较高的运动员躺在雪橇前端,位于其同伴两腿之间,这样的姿势也可以最大限度减少空气阻力。

4. 刹车阶段

在雪橇赛道上,运动员前进的最快速度可达到140公里/小时。当运动员与雪橇一起滑过终点线后,这场比赛才算正式结束。完成比赛后,选手需要起身抓住雪橇前面的弯弓并向上提起,同时双脚撑地,用力使雪橇停止运动。

十一、冬奥会雪橇竞赛规则

冬奥会上的雪橇比赛中，单人项目比赛滑行 4 次，双人项目比赛滑行 2 次。而接力项目需要完成男子单人、女子单人以及双人项目的比赛。所有项目都按各次滑行的总用时排出名次。[11] 滑行总用时越短的运动员，排名越靠前。

1. 男子、女子单人雪橇

在单人雪橇比赛中，每个国家或地区男子、女子项目各限报 3 人。比赛一共进行两天，每天进行两次滑行。首次出发的顺序通过抽签来决定，之后的出发顺序按前一次滑行的成绩决定，成绩排名越靠后的越先出发。将运动员 4 次滑行所用的时间相加，用时最短的获胜，如果两名及以上运动员的比赛总用时相同，则通过比较他们最快的单次滑行用时来决定名次。

2. 双人雪橇

在双人雪橇比赛中，每个国家或者地区的参赛队伍不得超过 2 支。双人赛只进行 1 天，要完成 2 次滑行，且节奏很快，在 2 小时之内即可分出胜负。虽然双人赛只进行 1 天，但是因为每条赛道对于运动员来说都是全新的，所以在正式比赛开始前会进行连续 3 天、每天 2 轮的赛道适应训练，让运动员寻找合适的战略和提高速度的关键点。双人赛第 1 次滑行的出发顺序通过抽签来决定，之后的出发顺序由第 1 次滑行的成绩决定，成绩排名越靠后的队伍越先出发。将 2 次滑行所用的时间相加，用时最短的队伍获胜，若多队的成绩相同，则由他们最快的单次滑行用时来决定名次。

双人项目对参赛选手的性别并没有限制，可以是一对男女选手组合，也可以是 2 名男子或者 2 名女子选手组合。但因为在雪橇比赛中，体重较重是一个有利条件，所以比赛通常是派出 2 名男子选手参加比赛，久而久之，双人雪橇比赛就只剩下男子队伍了。

3. 团体接力

团体接力赛在 2014 年索契冬奥会上首次亮相，从雪橇项目的赛程安排来说是最晚开始的一项。每个国家限报 1 支队伍，由 1 名男子选手、1 名女子选手以及一对双人选手组成，因此接力赛分 3 棒进行，各队依次完成男子单人、女子单人和双人比赛。比赛终点线上设有接力弹板，第 1 棒选手正常出发，在滑行通过终点前从雪橇坐起拍击该弹板，从而开启起点处的出发挡板，随后第 2 棒选手出发。第 2 棒选手滑行通过终点前同样从雪橇坐起，拍击接力弹板并开启出发挡板，随后第 3 棒选手出发。测量每队第一棒选手到最后一棒选手的总体滑行时间后，总用时最短的队伍获得比赛的胜利。

在团体接力赛上,赛道上的指示灯会用声音或者显示不同颜色来提醒当前赛道上的选手了解自己的滑行位置。当赛道上选手到达赛道的第 1 个或者第 2 个 1/3 处,指示灯会发出单信号音或者变成红色;当到达赛道的第 3 个 1/3 处,指示灯会发出双信号音或者变成黄色。

十二、雪橇运动员的趣闻与故事

1. 德国雪橇名将乔治·哈克尔(Georg Hackl)

哈克尔可以说是冬奥会史上最伟大的雪橇运动员。他是历史上唯一获得男子单人雪橇项目冬奥会三连冠(1992 年、1994 年、1998 年)的运动员,也是首位连续 5 届在冬奥会上夺得该项目奖牌的运动员。

哈克尔 1966 年出生于德国。这位身高 1.72 厘米、体重 79 公斤的雪橇选手在冬奥会上获得了 3 金 2 银,共 5 枚雪橇项目奖牌。除了冬奥会,在世界雪橇锦标赛中,哈克尔获得男子单人赛的 3 枚金牌、7 枚银牌和 1 枚铜牌;在世界杯系列赛中,获得过 2 次年度总冠军;在欧洲雪橇锦标赛中,哈克尔和队友在团体赛中夺得了 5 枚金牌和 2 枚银牌,还在单人比赛中夺得了 2 金 2 银 1 铜。

哈克尔在雪橇项目上奉献了自己近 20 年的青春,从

1988年卡尔加里冬奥会到2006年都灵冬奥会，哈克尔连续参加了6届冬奥会。他在雪橇项目上的成就也是德国成为雪橇强国的最大证明。2012年，哈克尔因对德国雪橇运动做出的突出贡献而被选进了国际无舵雪橇联合会名人堂。虽然现在哈克尔已不在雪橇赛场上，但他树立了一个良好的榜样，激励着每一代的新生运动员。

2. 意大利雪橇明星阿尔明·佐格勒（Armin Zöeggeler）

佐格勒是一名警察，也是一名雪橇运动员。佐格勒1974年出生在意大利的梅拉诺市，他的家乡经常下雪，所以他小时候就经常和小伙伴玩雪橇，之后雪橇技术逐渐成熟，并开始在人工场地上接受正式的雪橇训练。

14岁的时候，佐格勒夺得了世界青年雪橇锦标赛的冠军。1997—2006年，他5次夺得雪橇世界杯系列赛年度总冠军。他还获得了1994年利勒哈默尔冬奥会的铜牌，1998年长野冬奥会的银牌。当时，由于雪橇在意大利属于小众运动，佐格勒并没有因为这两次比赛成绩优异而得到意大利民众的瞩目。但在2002年盐湖城冬奥会上，佐格勒终于证明了自己的实力并获得了雪橇男子单人赛金牌，一跃成为意大利体育界的名人。

在佐格勒的带领下，意大利的雪橇运动从那时开始真正走向大众、走向世界。2006年，意大利都灵举办了冬奥会，受佐格勒的影响，雪橇项目成为意大利的热门项目。佐格勒不负众望，第 2 次获得了冬奥会的金牌，这也是东道主意大利在这届冬奥会上获得的首枚金牌。

从 1964 年因斯布鲁克冬奥会到 2018 年平昌冬奥会，意大利在无舵雪橇项目上共获得了 17 枚奖牌，其中有 6 枚是佐格勒取得的。从 1994 年利勒哈默尔冬奥会到 2014 年索契冬奥会，佐格勒连续参加了 6 届冬奥会的男子雪橇单人赛，且每次都能拿到奖牌，成为在冬奥会历史上唯一一位在同一项目连续 6 届获得奖牌的运动员。这超越了德国雪橇运动员乔治·哈克尔连续 5 届获得奖牌的纪录。佐格勒也因此成为世界最优秀的雪橇运动员。

3. 印度雪橇的代言人席瓦·卡沙万（Shiva Keshavan）

雪橇运动在亚洲的开展普遍较晚，其中有很多国家几乎不具备开展冬季运动的自然条件和经济基础。对这些国家的雪橇运动员来说，可以站在冬奥会的赛场上就是一种巨大的成功。印度雪橇运动员席瓦·卡沙万就是其中的典型。

在卡沙万 14 岁的时候，一位欧洲的教练想在印度推广雪橇运动，经过重重挑选之后，卡沙万被选中了。然而由于印度没有雪橇训练场地和相应的专业设施，卡沙尔被送去了奥地利，开始了他 20 年的职业生涯。

1998 年长野冬奥会，不满 17 岁的卡沙万作为雪橇运动员第一次参加比赛。他是当时冬奥史上参加雪橇项目最年轻的运动员,也是印度第一位参加冬奥会的雪橇运动员。因为印度国内没有赛道,卡沙万就将雪橇装上轮子在附近的山道上进行训练,像这样以生命为赌注的训练,他已经习以为常。卡沙万靠着这样的训练"滑"进了6次冬奥会,还多次获得亚洲雪橇锦标赛的冠军,是当之无愧的亚洲男子雪橇第一人。

多年训练需要大量的资金投入,由于卡沙万参加比赛并没有得到政府的资助,他训练的经费都是靠着拉赞助等方式来获取的,他比赛用的雪橇都是向其他国家运动员借的,就连比赛服和头盔也是别人赠送的。钱财的匮乏和身体的负担不断打压着卡沙万,身边的亲朋好友都曾劝说他放弃这坎坷的追梦道路,但卡沙万不愿放弃,因为他热爱这项运动。

2018年平昌冬奥会,他被选为印度代表团的旗手,这为他的职业生涯留下了一份特别的回忆。6次征战冬奥会,尽管成绩并不突出,但他的影响力却并不比任何一名雪橇冠军小,众多优秀的运动员都对这位印度雪橇运动员赞誉有加。他的故事也不断被人传颂,从而留下一段佳话。

4. 奥地利的林格尔兄弟

在冬奥会的赛场上,有挑战自我的个人赛,也有强调配合的团体赛。团体赛中有各种组合,其中以兄弟组合最为活跃。作为血脉至亲,他们生活在一起,拥有极高的默契,因而往往能够取得更好的成绩。这些兄弟组合的参与为冬奥会的赛场增添了一道道别样的风景,也为冬奥会的历史增添了不少传奇的色彩。

来自奥地利的安德列亚斯·林格尔(Andreas Linger)和沃尔夫冈·林格尔(Wolfgang Linger)兄弟就是其中的一对,兄弟俩年龄相差1岁,是雪橇双人组合中最出色的组合之一。他们一共参加过4届冬奥会,除了在第1次参加的2002年盐湖城冬奥会上未能登上领奖台,在后来的3次冬奥会上拿到了2金1银,共3枚奖牌。

2014年索契冬奥会,林格尔兄弟第4次代表奥地利参赛,他们期望在这次冬奥会上能再次卫冕,创造三连冠的历史。然而在这次冬奥会上,林格尔兄弟要面对德国的托比亚斯兄弟组合和拉脱维亚的希茨兄弟组合。在这3对兄弟组合间的竞争中,德国托比亚斯兄弟组合获得了金牌,拉脱维亚的希茨兄弟组合获得了铜牌,林格尔兄弟获得了银牌。虽然未能成功卫冕,但他们获得的成绩依旧值得骄傲。在这次比赛中,来自不同国家的3对兄弟包揽了双人赛的前3名,这场兄弟组合之间的对决也在无舵雪橇史上留下了浓墨重彩的一笔。[12]

5. 惹眼的美国雪橇运动员克里斯·马泽尔(Chris Mazdzer)

在2018年平昌冬奥会上火了一批运动员,其中最惹眼的当属美国雪橇选手马泽尔。马泽尔来自美国马萨诸塞州，已参加了全球数百场比赛和3届冬奥会。在平昌冬奥会上，他夺得一枚雪橇银牌。夺得此次奥运会银牌的他，凭借其出众的外表以及迷人的个性，成为目前Tumblr（汤博乐，一种微博客）上的"国民男友"。

十三、雪橇运动观赛礼仪

赛前应该遵守观赛礼仪，配合工作人员在指定区域观赛，严格保持与赛道之间的距离，接受工作人员的安全检查。禁止携带易拉罐、玻璃瓶饮料以及塑料袋等轻质物体进入场地。在赛前，应适当了解雪橇比赛的规则，避免因为理解的不同做出影响他人的举动。赛中，不要吸烟或吃一些带有浓烈气味的食物，不损坏公共设施，不往赛道内扔杂物，并调低或关闭手机铃声，不可翻越护栏与围挡，从而创造一个更加卫生和安全的赛场环境。其他诸如因裁判判决和突发事件引起的骚乱、喝倒彩、提前退场等问题也要避免。赛后，请注意随手带走自己的垃圾，并尊重不同国家运动员的习俗、信仰，做到不围观、不评论。无论胜负，对所有参赛运动员的精彩表现都应报以热烈的掌声，予以鼓励。

十四、北京冬奥会雪橇观赛指南

国家雪车雪橇中心是北京冬奥会雪车、钢架雪车、雪橇项目的比赛场地。场馆共有 16 个角度、坡度不同的弯道。

2022 年北京冬奥会雪橇比赛将产生 4 枚金牌,包括男子单人、女子单人、双人雪橇(自由性别)、团体接力各 1 枚金牌。

北京冬奥会雪橇比赛的赛程见表 3 - 1。

表 3 - 1　北京冬奥会雪橇比赛的赛程[13]

日期	比赛开始时间	项目	比赛场地	地址
2022 - 02 - 05	19:10	男子单人第一轮/第二轮	国家雪车雪橇中心	北京延庆区西大庄科村
2022 - 02 - 06	19:30	男子单人第三轮/第四轮		
2022 - 02 - 07	19:50	女子单人第一轮/第二轮		
2022 - 02 - 08	19:50	女子单人第三轮/第四轮		
2022 - 02 - 09	20:20	双人雪橇		
2022 - 02 - 10	21:30	团体接力		

参考文献

[1] 韩丹. 我国古代冬季冰雪橇活动考 [J]. 哈尔滨体育学院学报, 1994, 12 (1).

[2] 哈萨克斯坦风俗新年坐鹿雪橇 [N]. 中国周报, 2018 – 01 – 02.

[3] 雪车（Bobsleigh）[EB/OL]. (2006 – 02 – 18) [2021 – 10 – 21]. http://sports.sina.com.cn/torino2006/events/bo/.

[4] 潘洪钢. 关于清代的雪橇 [J]. 民俗研究, 1990 (2).

[5] 中美雪橇选手全力备战北京冬奥 [EB/OL]. (2021 – 09 – 30) [2021 – 10 – 30]. https://baijiahao.baidu.com/s?id=1709876584193074496&wfr=spider&for=pc.

[6] 首届全国雪橇锦标赛挪威落幕全力冲击 2022 [EB/OL]. (2017 – 12 – 08) [2021 – 10 – 21]. https://sports.qq.com/a/20171208/005498.htm.

[7] 第二届全国雪橇冠军赛在俄罗斯索契圆满落下帷幕 [EB/OL]. (2019 – 04 – 01) [2021 – 10 – 21]. http://www.sport.gov.cn/n318/n352/c899616/content.html.

[8] 2020/2021 赛季全国雪橇冠军赛竞赛规程 [EB/OL]. (2021 – 03 – 25) [2021 – 10 – 21]. http://www.

sport. gov. cn/n318/n358/c978827/content. html.

[9] 谢肉节传统活动：滑雪橇［EB/OL］.（2012 - 11 - 23）［2021 - 10 - 21］. https：//www. russia-online. cn/News/topic_11460_82. shtml.

[10] 袁晓毅，胡忠忠，景磊，等. 冬奥滑降项目竞技能力特征与制胜规律研究［J］. 北京体育大学学报，2019，42（5）.

[11] 胡兰萍，孔令伟. 雪橇板运动装备简介［J］. 冰雪运动，2000（1）.

[12] 文世林，王金英. 雪中跑车：雪橇［M］. 北京：新世界出版社，2021.

[13] 北京冬奥组委. 北京2022年冬奥会竞赛日程 第十一版［Z］. 2021.